BRIAN GAGG

WORTSUCHRÄTSEL 3 in 1 SAMMELBAND

LEHRER, SCHULE und SPORTARTEN

Bibliografische Information der Deutschen Nationalbibliothek:
Die Deutsche Nationalbibliothek verzeichnet diese Publikation in der Deutschen Nationalbibliografie; detaillierte bibliografische Daten sind im Internet über http://dnb.dnb.de abrufbar.

Herstellung und Verlag: BoD – Books on Demand, Norderstedt
ISBN: 9783754396032

Inhaltsangabe Seite

Einleitung

Auf den folgenden Seiten finden sich thematisch sortierte Wortsuchrätsel.
Um ein Wortsuchrätsel zu lösen, müssen alle jeweils aufgelisteten Worte in der darüber befindlichen Buchstabenmatrix gefunden werden. Ist ein Wort gefunden, sollte es mit einem Stift umkreist und das gefundene Wort aus der Liste gestrichen werden. Sind alle Worte aus der Liste gefunden, ist das Rätsel gelöst. Bei Schwierigkeiten ein Rätsel zu lösen, kann die Lösung jeweils auf der Rückseite nachgeschaut werden bzw. für Buch 1 ab Seite 31.
Die zu findenden Worte sind jeweils als ganzes (d.h. immer nur in einer Richtung und ungebrochen) in der Matrix nach folgenden Regeln versteckt:

- Suchworte können sich überlagern, d.h. ein Buchstabenkästchen kann von mehreren Suchworten genutzt sein.

- Worte können vorwärts, rückwärts, horizontal, vertikal oder diagonal in der Matrix versteckt sein.

- Suchworte stehen für sich alleine und sind unter- oder nebeneinander aufgelistet.

A	M	C	M	D	H	C	E	A	U	M	R	B	Z	Q	O	Y	S	P
C	A	N	U	A	Z	K	V	N	U	O	J	A	D	B	K	A	E	A
N	E	T	F	I	R	H	C	S	R	E	T	N	U	G	H	Y	D	V
N	M	E	I	K	I	W	A	V	S	E	H	T	S	B	K	Y	I	Z
E	Z	N	M	C	U	L	N	E	E	I	T	F	C	K	W	D	U	K
G	P	H	N	E	T	I	E	R	E	B	R	O	V	O	P	H	H	U
N	L	O	P	V	H	F	L	B	A	N	G	N	F	T	N	T	L	R
U	L	N	Q	M	B	G	I	S	W	U	I	H	D	Z	E	F	V	K
T	F	L	Z	E	L	Y	E	B	N	L	A	U	H	E	T	F	G	M
L	X	E	W	D	V	D	T	Y	B	H	N	L	T	X	I	S	W	O
A	N	M	L	V	T	C	N	R	Z	T	F	P	I	K	E	S	L	E
T	N	M	Y	Q	R	U	I	P	E	X	E	N	O	E	B	M	S	U
S	M	A	N	F	M	E	E	R	Q	Z	V	N	E	M	R	I	O	P
N	P	S	O	E	W	G	R	L	N	M	T	B	V	C	A	C	J	U
A	S	N	T	N	P	I	M	O	Z	R	Z	O	E	S	R	F	R	H
R	A	I	E	Q	C	P	K	W	O	W	R	T	V	I	E	K	I	E
E	L	E	M	H	Q	R	U	L	V	B	H	S	Y	O	D	U	K	Z
V	Y	X	T	J	H	D	L	R	E	O	H	D	J	O	M	N	S	U
L	N	V	H	E	J	I	H	R	G	S	V	U	W	O	U	C	N	G
U	N	D	L	W	E	P	E	K	J	N	W	V	O	O	Q	Y	T	H
H	O	D	P	R	Y	I	C	Y	A	W	R	X	G	H	D	F	H	N
C	V	D	E	L	T	P	R	R	P	L	J	E	F	V	F	O	U	H
S	K	N	I	E	P	T	T	S	T	O	T	Q	L	M	J	A	W	H
H	G	P	N	A	R	B	E	I	T	E	N	U	A	S	E	F	Y	R

1

LERNGRUPPEN EINTEILEN

UNTERRICHT VORBEREITEN

EINSAMMELN VON ARBEITEN

LEHRKONZEPTE ERARBEITEN

UNTERSCHRIFTEN KONTROLLIEREN

SCHULVERANSTALTUNGEN VORBEREITEN

Q R E L E U H C S K G F F E W Y E L T
S S E J U E F E W S P P X D S C E Y D
Q L T K M Z J U O X G C Z N O J Y D F
G Y M Z S I Y N Y W N F D B U O S G F
U W X Z M K B X V E C U A Q Q B C J Z
N Q U P N R P L J U R M N Y P B E R R
N R D D A N E Q P C Q E F F U S D J N
K K J L G X H H H R D B G M E Q K R P
N E A A H G A F C E G D L H Y F Q P B
H O Z D H E U A A E R K C X H F K E N
L H V M N E K H U G U S N R C M R Z E
E A T U H E C I Y R I B E Q F A E C G
J B X R N S G I C T P I L T T T H Q N
R E U U Y E W I K R W H W U K A W C U
T N X N S S R A T M U H N N H C Y Y F
G Q Z E S C D E U H M G O R K C G A E
N Z A F M I H F I H C W Y K B L S Z U
K N H E D U Q U F S H I J G X F K F R
D E P U F Q A Z L O I V S V G F I D P
E Y Y R X H I G W I U N Z F G Z C F O
O K N P E G E U L F S U A L U H C S R
A Z Y U P F G V A B C C T G R A G W G
I V E O G W S B J V O E H A R Q E J F
H A I K M R H N N M T T B E B O L B Q

2

SCHULISCHE BERATUNG
SCHUELER BEAUFSICHTIGEN
DIDAKTISCHES KNOWHOW HABEN
SCHULAUSFLUEGE ORGANISIEREN
DURCHFUEHRUNG VON PRUEFUNGEN
SCHULBUECHER SCHAEDEN PRUEFEN

W	Q	B	Z	S	A	S	H	R	V	B	P	F	D	Q	U	O	Z	W
V	M	J	H	N	E	G	A	R	T	R	E	Q	I	X	Z	L	H	M
Y	A	F	H	S	N		T	R	V	R	L	G	E	M	G	N	F	J
O	V	R	L	F	Z	G	E	E	L	Y	S	N	B	R	S	G	Z	I
Y	F	U	I	W	Y	N	H	R	N	U	I	A	J	V	G	Q	C	K
E	A	S	C	O	A	U	I	A	P	H	C	F	N	V	Z	K	E	X
A	C	T	G	H	H	D	Y	A	U	A	O	M	D	V	P	S	N	A
N	H	R	P	W	B	L	S	R	N	S	S	U	E	N	W	P	Z	O
W	K	A	N	O	E	E	Y	K	B	D	A	S	Y	S	G	I	M	C
E	O	T	E	N	I	M	T	S	L	Q	I	U	E	B	Z	E	L	O
S	N	I	F	K	W	B	N	C	I	K	F	P	F	N	M	I	I	X
E	F	O	E	U	O	A	U	F	N	B	M	X	O	G	D	R	D	Q
N	E	N	U	R	H	N	M	B	L	R	F	K	X	N	A	E	E	R
H	R	E	R	C	N	I	N	O	D	T	V	J	Q	Z	B	B	R	D
E	E	N	P	V	E	F	P	W	I	U	E	R	R	A	O	C	E	S
I	N	T	K	D	N	I	E	T	I	Q	I	Z	I	S	E	W	Q	N
T	Z	E	T	K	B	X	C	K	M	O	G	P	F	Q	P	D	L	S
N	E	O	K	N	E	L	T	E	R	N	K	O	N	T	A	K	T	X
E	N	I	P	J	R	E	U	E	U	W	L	A	K	X	Z	W	S	Y
L	H	V	L	E	O	U	D	N	N	M	Y	J	B	R	U	O	U	A
H	V	J	D	L	O	G	Q	T	A	N	H	W	S	V	H	V	A	G
E	L	N	I	S	E	H	C	S	I	G	O	G	A	D	E	A	P	K
F	I	J	S	A	Q	G	I	W	O	N	Z	Y	W	H	T	S	L	P
K	Y	B	A	Q	E	P	V	S	C	A	J	M	U	W	I	Y	B	Z

3

FRUSTRATIONEN ERTRAGEN

PAEDAGOGISCHES KNOWHOW

FACHKONFERENZEN BEIWOHNEN

ANWESENHEIT DER KINDER PRUEFEN

PASSENDER UMFANG HAUSAUFGABEN

ELTERNKONTAKT BEI FEHLEN OHNE ABMELDUNG

E V Z C X G D J L R Q Q K W X K K T J
S Y J D J S Z B I L G E H T M M K I E
I Y S P H T Z S W E A B Y S V F W E B
E F E I U W X S P I Z E B A G B A K H
W B Q X U P N I C T S F C G J K R G O
H L P N Q E Z C D Y L Q R V L V U I Q
C F D T S O F K E M L U F K K R Z H U
A E C S R E R E N I E L K Z A M C E D
N U E X D I Y K F S H N X A F Y I A P
S O J I K G H Q V T C E G C J W Z F K
T X W M F A G C D A U T N B N K P S O
H R Z S Y G F C Y O B H U J U G E N D
C D Y B K N H G I B N C G P W J L O U
I O U T V H T Y P M E I R E B W B I X
R A L S P C S L A U S L O M Z U I T F
R K F D T X N A I Z S H S L P I R A V
E V I O C C H W A C A C R K I R X V W
T J L O I N N P O Z L S E O Q Z B I Q
N W A K O D T X H O K K V R I U L T G
U Q B I F I S X I W E K P F U T K O B
I I B W E H B G W V U Q R W T M W M I
H Y Q R P F V O Z Z P W R Q H N V T C
Q B T X Z T N O T F A L L R A T I O N
T S S N E N H A M R E K Z P R V Y P P

STREIT SCHLICHTEN
ERMAHNEN ZUR ABGABE
ESSENS NOTFALLRATION
MOTIVATIONSFAEHIGKEIT
VERSORGUNG KLEINERER WUNDEN
UNTERRICHTSNACHWEISE KLASSENBUCH

N J W N O P S Q F C X K F I I W H C E
E Q W I G L E B W C B U B H W U O X Y
Z K Q M V F H F F C H O U E X B L N W
N N T B J Q C L U S T J T H O G L E I
E E J L T N S J O Y G O Y S V S N R D
R R P J Y G I Y P K S B Z P O G T H E
E E U W W B R P T X G A H Z G S H E E
F I B D G G O Y K N S M I Q D U M U A
N L I N Z D T K A G Z A M W X H B F M
O L H V N W A F B I L Q I J A S F H G
K O X A H Q S F T E E Z T N U J Y C F
R R R V U T I W R C F F L K N T P R U
E T U S J S N B S C L I A V E D J U X
R N T P W A A G J F E M Y V G U Z D K
H O A S S L G R T T E P K F N T R A B
E K R Y T M R W B D K E S U U L V X Z
L E E C A Z O S H E T P I V H V D G V
L R T H B L X L G P I A S O E X B M O
G X I I I J L F J B C T O Y I A H D N
I A L S L C L U N O Q F E D Z K N X G
W M H C U J N E B I E L B N E K S V H
O F C H W P S T I J N B Y F B Q H C R
O S A C Q E R S H Y K G W Q O K H E O
X V F E L F O E R D E R U N G P E D N

5

PSYCHISCH STABIL BLEIBEN
LESEN VON FACHLITERATUR
HAUSARBEITEN KONTROLLIEREN
TEILNAHME LEHRERKONFERENZEN
ORGANISATORISCHES DURCHFUEHREN
FOERDERUNG SOZIALER BEZIEHUNGEN

D V Z W R F O E R D E R B E D A R F K
U Y O I E M Z L K F H T Q W C N W J G
K I I N E Q Q B J N X N V A Y U P W A
I F C E N Q E I Q Q O E D M R A L B Q
W T D L H E D O L M E T S C H E R O X
Q F L X E C G H U F U L Y E D W A A W
T E R M I N E T F I P A N K U S A G R
G X U Q B X D A C D Q H K O R D K F Y
O K J B U B C V R R Y L F I C S F C E
K N N V X L B Q A P A W G W H S D L T
E C D B Z Z N A E S S N N E F D G L L
B I A Y A K G N S E U E W P U A I H X
V I P X E Y T E N R J Q G Z E O L M D
I G E R Q R N N E G Q W J N H M E C V
I M S J A A K I E U N T E R R I C H T
V O G D R L N E E G C I D U E E K X B
J B C B L I X G N G O G D D N O T Y F
Q U E P M M C Y M N C W K V L Z O L Z
S I M A V L T K R Q E B E V S E V S E
T H L S R L U R S P L N A G K E G B Z
T R H A F N E S S A L K C T S R U D U
O E E I N S A M M E L N M P E U P K P
X P N R E T T E A L B N R E L D A F S
C R C D P Y B C R V E G B O P O D J P

FOERDERBEDARF ERKENNEN
UNTERRICHT DURCHFUEHREN
GELD EINSAMMELN KLASSENFAHRT
DOLMETSCHER ELTERNGESPRAECHE
LAMINIERUNG VON LERNBLAETTERN
KLASSENARBEIT TERMINE AUSGEWOGEN HALTEN

G	H	J	S	M	N	U	A	W	K	A	X	Q	S	K	M	L	V	L
N	I	V	I	L	U	Y	A	N	P	T	M	C	C	E	J	E	B	G
U	N	Z	G	G	N	X	E	O	E	T	B	I	K	A	N	J	K	B
T	H	S	I	V	J	Q	I	M	B	R	S	Q	H	E	V	Z	D	N
I	F	F	Y	W	P	Y	P	M	L	H	D	V	F	N	L	E	R	W
E	J	O	M	J	R	O	E	Y	A	G	T	E	W	A	Z	E	H	W
R	J	S	G	C	R	G	H	R	S	N	U	F	T	D	L	X	E	U
E	Z	F	C	A	S	Z	D	N	K	R	M	U	Y	E	N	W	P	E
B	L	L	E	R	N	G	R	U	P	P	E	N	U	J	C	H	O	O
H	E	R	D	U	X	E	W	R	G	N	G	H	N	B	Z	H	Z	U
C	E	K	S	O	P	Z	E	N	U	G	C	Z	B	E	M	E	H	T
A	N	E	Y	C	G	B	U	W	S	S	Z	N	C	W	N	Y	R	H
N	R	N	K	F	E	X	O	D	S	O	Z	M	A	K	E	P	X	Y
S	W	E	U	U	W	R	I	U	P	B	D	Q	L	Q	B	B	G	N
T	R	E	H	C	S	I	G	O	G	A	D	E	A	P	I	N	E	A
H	N	P	C	M	N	R	R	N	I	X	I	X	F	P	E	M	E	L
C	E	S	R	U	K	S	G	N	U	D	L	I	B	T	R	O	F	L
I	G	H	G	Q	I	X	R	A	J	D	L	I	S	S	H	H	I	C
R	Q	W	U	A	P	O	A	V	R	H	V	E	X	Q	C	W	Y	X
R	S	F	Q	L	E	E	C	L	W	J	O	D	X	Z	S	W	Q	T
E	V	L	T	E	Q	F	T	F	N	R	B	M	F	J	N	C	N	P
T	L	N	Y	F	H	L	I	S	T	E	N	A	Z	K	A	P	T	D
N	A	P	Z	P	N	N	P	S	S	L	G	C	C	Z	I	S	Q	X
U	Y	L	W	E	E	T	N	E	T	T	E	L	I	O	T	T	E	C

LISTEN SCHREIBEN
SCHUELER TROESTEN
TOILETTEN UEBERPRUEFEN
TEMPORAERE LERNGRUPPEN
UNTERRICHTSNACHBEREITUNG
PAEDAGOGISCHER FORTBILDUNGSKURSE

E R Z I E H U N G S F R A G E N W P G
T K N A T K Q X I I P I V Z P X I M P
F J E A Z O B Y Y D S E F E C C S X D
F H Q G B V Z W V T R N T L L L F G Z
R T G N E X F D P G T F J U M E C N E
F Y G E A U O K L K X K T L E H Y U I
U G N S T S L N G E O A R X O R Y T N
E R U S V I N F E R G C N S N P I L S
R H N E F P V O S R T A K X F L S A A
G Y D I R S H B R U H X M T R A W H M
T Z R L K M Z C E W A E C Q R E X N M
O K O H B G D O O P R I U O P N D I E
V V L C L Q P O N P G E Q F M E B E L
S L U S G E U S Q R Z Y F Z H J D X N
Y L H F P K K P O G H U U Y T C V U G
H R C U L W E W M Z M H S V W A R V G
G B S A K O A M R J V O V P W G S U A
V S W I K C J C P R U E F U N G E N D
G R J C Y U K R A W X I T F A E G N B
I K E L T E R N A B E N D J Q U I E Q
C T M E Q Q G V L E B B P L D X F N B
E T V G Y M C R K K X F U O E K U N Y
I F A B U N D E S L A N D S I P Y E O
F V I O A H B M U A R N E S S A L K P

PRUEFUNGEN DURCHFUEHREN
EINHALTUNG SCHULORDNUNG
KLASSENRAUM AUFSCHLIESSEN
LEHRPLAENE BUNDESLAND KENNEN
GELD EINSAMMELN FUER AUSFLUEGE
ERZIEHUNGSFRAGEN AUF ELTERNABEND

Q	F	H	K	J	R	R	M	O	W	R	X	F	J	J	J	Y	Y	R
N	M	J	H	S	I	O	X	D	L	Z	C	B	K	E	Z	N	R	L
G	L	E	V	P	H	L	D	M	H	X	U	M	V	R	Z	N	E	X
N	E	L	I	E	T	R	U	E	B	E	A	C	Y	S	C	G	P	N
F	P	L	K	R	N	W	Y	F	C	Q	E	P	J	T	K	D	U	E
A	F	J	Q	B	E	A	C	H	T	E	N	Y	V	E	A	E	S	R
C	F	E	P	T	R	E	E	D	J	B	Q	O	N	L	O	G	D	E
H	Q	B	R	T	F	R	N	N	F	N	R	B	O	L	I	P	S	I
K	W	P	Q	I	M	N	D	A	E	B	U	S	M	E	D	C	S	T
O	Z	V	O	N	N	X	E	G	E	B	E	I	U	N	U	N	D	R
N	U	Z	V	K	T	N	F	R	E	Y	A	V	G	X	T	I	Y	O
F	N	S	G	L	I	M	E	Z	I	O	S	G	A	I	K	K	S	S
E	E	C	E	H	M	I	K	R	M	U	Y	H	K	W	Z	I	A	S
R	T	H	D	O	T	F	T	O	N	H	G	C	X	C	T	C	M	U
E	O	U	M	E	H	J	E	W	I	C	V	N	Y	I	E	S	E	A
N	N	L	N	V	B	J	X	O	J	U	K	H	P	F	C	U	U	N
Z	E	P	D	A	L	K	G	E	S	S	I	N	G	U	E	Z	R	Z
E	B	R	H	E	P	T	M	V	S	H	L	M	E	T	I	N	Q	G
F	T	O	L	A	M	O	P	F	Z	L	D	A	R	L	N	A	M	D
T	Z	G	R	R	Q	U	L	A	I	L	Q	R	P	E	M	M	F	A
U	D	R	B	V	Y	F	C	T	P	O	T	D	B	F	V	H	L	Z
L	Z	A	B	V	Y	B	K	P	T	C	Q	E	Z	C	K	G	R	W
T	I	M	X	A	Q	P	Y	M	A	T	W	N	M	B	E	L	A	N
C	K	M	W	S	T	J	G	Z	U	H	A	I	V	R	S	W	P	X

ZEUGNISSE ERSTELLEN
BENOTEN UND BEURTEILEN
ERINNERN AN RUECKGABEN
SCHULPROGRAMM BEACHTEN
FACHKONFERENZ VORBEREITEN
DEFEKTE BUECHER AUSSORTIEREN

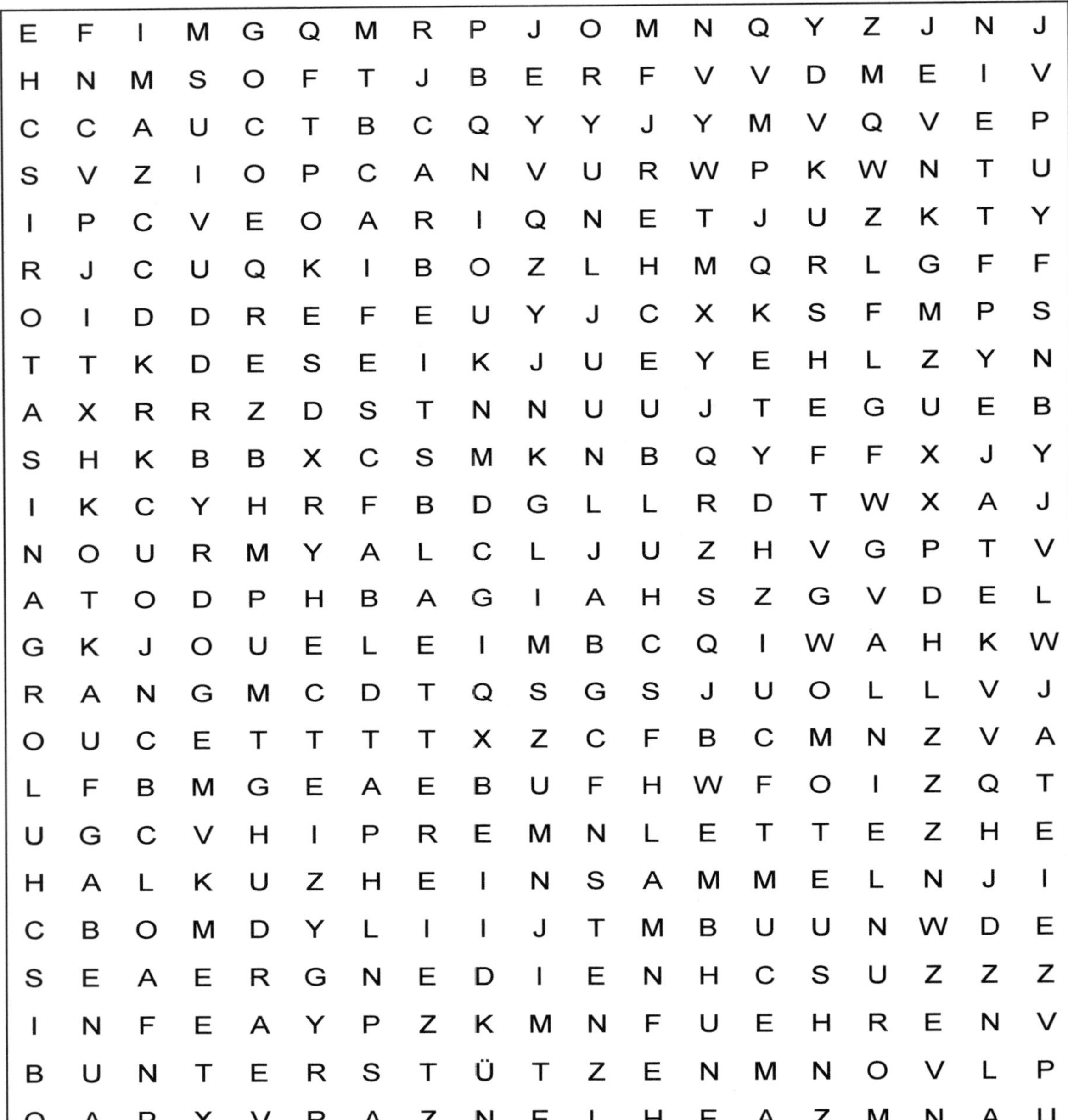

10

KURSHEFT FUEHREN
SCHULBUECHER ZAEHLEN
INKLUSION UNTERSTÜTZEN
EINSAMMELN VON ZETTELN
ARBEITSBLAETTER ZUSCHNEIDEN
SCHULORGANISATORISCHE AUFGABEN

O	Y	Y	A	L	V	I	N	T	P	N	E	B	A	G	N	A	N	I
K	U	M	D	U	M	U	A	R	N	E	S	S	A	L	K	G	D	K
B	N	C	N	E	T	I	E	B	R	A	F	A	R	T	S	Q	X	L
S	M	F	P	U	A	A	S	V	O	L	Y	L	M	E	B	J	N	A
W	J	R	H	X	T	T	H	C	I	R	R	E	T	N	U	Z	E	S
Y	K	K	C	O	G	D	C	H	W	C	S	R	Z	U	R	G	R	S
Z	F	P	D	H	B	Q	H	F	I	P	X	Y	K	O	V	C	E	E
V	N	E	T	L	A	W	R	E	V	K	U	W	Z	I	B	X	I	N
T	I	E	K	G	I	D	N	E	A	T	S	T	S	B	L	E	S	R
C	W	G	Y	P	C	P	W	Y	U	R	D	F	D	C	F	Q	I	E
K	F	I	P	M	R	Y	O	Z	H	A	O	Y	U	P	R	C	N	I
K	P	S	P	M	Q	J	W	F	G	V	A	Q	U	R	Q	V	A	S
U	N	M	V	N	W	H	M	W	W	V	S	N	Y	Y	L	S	G	E
A	E	I	Z	C	F	Q	I	F	S	M	E	A	Z	A	B	E	R	N
H	L	H	L	J	X	G	U	S	J	T	Q	Y	G	F	B	J	O	X
E	I	A	G	K	T	M	F	K	I	L	H	L	X	L	I	T	S	J
M	E	E	U	Y	D	V	G	E	D	H	R	N	R	I	F	W	D	I
L	T	I	S	B	P	D	R	V	F	N	Z	X	F	L	C	F	Y	I
F	R	X	O	C	E	E	A	S	F	C	H	V	V	K	N	X	J	D
E	E	L	E	B	B	A	B	S	C	H	L	I	E	S	S	E	N	T
Z	M	K	U	H	C	I	J	R	F	T	U	O	Y	Q	N	Y	L	B
L	H	U	C	O	G	Y	E	Y	H	D	J	B	K	I	E	Z	G	F
X	I	A	U	O	U	K	F	O	E	R	D	E	R	U	N	G	G	J
S	N	O	X	V	S	F	C	I	K	J	A	G	G	M	R	Q	C	Y

11

ANGABEN VERWALTEN
STRAFARBEITEN ERTEILEN
UNTERRICHT NACHBEREITEN
KLASSENRAUM ABSCHLIESSEN
KLASSENREISEN ORGANISIEREN
FOERDERUNG SELBSTSTAENDIGKEIT

Q K S G F P W N D V C C K F F X H G T
C N J B P C L R B E S C H A F F E N I
G K L U I J C P Z T E X R T H A B U E
V R A Y Q Y M H M U N A H V A E P R K
W L P S E J Z N Q M T R G C B W R F G
N Q N T K O Z H X L S B C N E H E A I
H B K N D Y G I Q Q C E B T N Q Z P H
O W Q E U D P J W V H I I U S H U W E
Q U A B D G R G R J U T W F T N S M A
D F T F G R S O V O L S N U K H A G F
L D F J M U Z Z E W D M Q I O G M F S
J L E H R M A T E R I A L I E N M U G
Q X Z P B X C U B U G T Q J H F E S N
W N E T F E H B A A U E R L P B N N U
N J Z I O Z P K P M N R I Z E N S E R
V V J E X Z E E A D G I U R H L T T E
P E F P T D B X N X E A B H W J E L T
U E B E R W A C H E N L G K N L L A S
B Q R B K G X H T F I I F B E B L H I
L L I D L Q E T C C Y E X M A Z E E E
C V K S J J O C K K X N T H Z G N B G
Q U R M D D C T V M K L A X Q H O I E
H I M I T M A C H E N E T P K I V I B
R Y Y P U E I T Y O X P Y U F Z K V O

12

UEBERBLICK BEHALTEN
MITMACHEN UEBERWACHEN
ENTSCHULDIGUNGEN ABHEFTEN
ARBEITSMATERIALIEN BESCHAFFEN
BEGEISTERUNGSFAEHIGKEIT HABEN
LEHRMATERIALIEN ZUSAMMENSTELLEN

E	A	T	E	Q	J	B	S	Z	X	M	E	L	K	I	O	Q	E	H
X	U	T	U	H	O	A	U	I	C	E	F	O	E	R	D	E	R	N
W	O	N	F	F	O	R	B	B	Q	N	X	T	Z	C	W	O	S	G
X	T	M	D	A	U	F	R	A	E	U	M	E	N	F	O	A	Y	Z
J	J	A	J	B	K	K	G	B	B	B	V	G	O	D	O	M	L	U
S	Z	A	O	G	Y	N	A	F	X	L	B	R	F	S	K	A	S	L
G	A	T	B	F	K	H	Q	L	Z	L	D	Z	A	K	G	G	W	A
U	G	P	S	K	N	R	A	S	S	E	K	Q	J	S	U	O	A	P
I	A	N	I	M	R	W	W	U	R	P	I	C	C	A	U	I	Y	L
I	G	C	N	R	F	X	W	N	S	S	M	Z	H	G	A	K	M	G
X	N	U	C	Q	A	A	U	B	Z	T	E	J	V	I	B	E	L	V
S	I	M	N	L	O	C	X	C	S	T	E	U	Q	F	W	S	U	X
O	S	F	K	E	D	V	M	I	T	T	E	I	L	E	N	S	R	V
Y	N	A	Q	A	Z	P	V	E	T	M	K	G	L	F	D	I	A	F
U	W	S	L	Y	A	T	G	S	D	W	J	V	H	E	Y	N	W	Z
K	L	S	Q	R	A	C	U	E	M	M	N	R	G	E	N	G	Q	I
J	G	E	L	K	G	Y	Z	N	D	A	U	I	W	R	Y	U	K	F
R	C	N	F	Q	X	U	Q	Q	Z	E	Z	V	X	P	K	E	D	O
W	C	D	D	P	G	R	H	F	Q	I	V	U	V	T	N	Z	K	X
K	M	A	L	P	N	E	D	N	U	T	S	M	L	C	E	X	R	K
V	N	C	H	M	I	P	Z	N	S	Q	J	J	P	Z	S	Q	Z	G
C	K	L	A	S	S	E	N	R	A	U	M	F	L	A	S	B	E	R
M	U	M	U	K	N	R	Z	Y	T	Y	C	V	T	R	A	O	B	H
D	T	E	I	L	U	N	G	S	R	A	U	M	V	I	L	W	E	S

13

ZEUGNISSE AUSTEILEN
TEILUNGSRAUM NUTZEN
STUNDENPLAM MITTEILEN
KLASSENRAUM AUFRAEUMEN LASSEN
UMFASSEND FOERDERN UND FORDERN
KONFLIKTLOESUNGSFAEHIGKEIT HABEN

N	K	O	M	X	Z	F	Y	G	V	Y	L	I	V	Z	U	P	M	V
E	C	P	Y	R	T	O	I	Y	Q	O	B	H	F	M	M	R	H	J
T	J	Z	L	Y	N	I	O	K	Q	B	Y	K	V	W	O	O	N	H
F	N	E	I	D	H	W	L	T	I	G	O	S	C	G	X	G	E	E
A	B	W	G	X	I	W	K	S	M	E	O	O	N	N	S	R	Z	S
H	C	S	H	H	Y	I	A	Z	Y	O	J	Z	A	R	B	A	U	P
C	M	Q	M	I	G	B	K	I	Z	I	R	L	C	E	R	M	I	O
S	K	W	E	X	E	B	S	G	K	Z	N	A	H	R	B	M	F	R
N	E	R	D	S	F	M	V	I	T	Q	N	H	H	H	A	V	U	T
I	C	R	E	T	H	C	I	L	H	C	S	T	I	E	R	T	S	A
E	Y	Z	J	R	I	T	J	T	V	R	W	P	L	L	M	O	O	K
M	B	S	B	B	E	T	R	E	U	U	N	G	F	S	B	O	Y	T
E	Y	F	W	F	Z	Z	Y	F	F	V	X	X	E	N	J	N	R	I
G	M	R	W	Y	B	R	Z	P	U	J	L	Z	G	E	F	G	Q	V
S	I	Z	I	L	Z	I	Z	C	I	J	G	B	R	U	U	H	S	I
T	Y	O	I	S	F	W	D	P	T	M	K	K	U	A	N	U	S	T
I	H	H	Q	G	G	E	H	R	F	N	F	F	P	R	X	Q	T	A
E	P	S	C	L	F	B	W	O	G	X	P	H	P	T	D	E	T	E
B	I	L	T	T	H	W	K	G	B	J	N	W	E	R	D	C	A	T
R	C	S	F	F	Y	F	Z	R	Z	I	N	E	N	E	S	N	F	E
A	L	V	C	P	E	S	Q	A	Z	R	D	G	X	V	J	N	J	N
I	T	B	F	U	P	H	S	M	X	M	A	Q	W	F	G	H	B	O
N	U	C	M	P	M	G	U	M	B	W	E	G	Y	E	R	F	L	X
Z	E	L	L	S	Z	K	K	N	M	B	E	C	M	Z	U	X	P	V

ANGEBOTE AUSSERHALB UNTERRICHT

SPORTAKTIVITAETEN
ARBEITSGEMEINSCHAFTEN
VERTRAUENSLEHRER PROGRAMM
STREITSCHLICHTER PROGRAMM
BETREUUNG NACHHILFEGRUPPEN

I	B	A	H	V	Z	W	H	F	I	I	S	O	T	M	M	X	G	M
Q	C	X	N	E	L	A	I	Z	O	S	B	W	O	G	K	V	I	G
L	E	R	N	S	C	H	W	I	E	R	I	G	K	E	I	T	E	N
G	D	A	N	D	E	R	E	N	O	S	P	K	N	X	T	B	Q	K
A	A	B	H	R	X	X	B	G	T	C	P	M	V	A	T	Q	D	K
H	S	J	I	Q	U	O	P	C	B	H	Z	X	G	C	E	P	L	G
B	A	V	S	J	M	H	K	K	E	W	K	P	B	H	F	W	S	Q
D	E	U	V	I	F	O	G	Q	H	I	V	U	J	Z	H	R	N	G
V	T	D	S	F	E	R	R	G	Q	E	S	Y	L	Y	I	X	C	H
M	E	I	D	X	L	T	Q	F	X	R	C	V	O	T	Y	I	K	I
Z	T	C	Q	P	D	C	I	K	O	I	H	R	K	Z	U	T	N	T
H	B	T	B	A	G	E	B	M	T	G	S	D	G	C	D	R	V	T
B	D	D	X	V	R	O	U	G	S	E	U	U	S	P	U	C	E	H
S	Z	G	Q	B	I	U	O	F	Z	M	A	Y	D	P	S	T	I	N
A	N	P	A	S	S	U	N	G	S	P	R	O	B	L	E	M	E	N
N	Q	B	J	W	C	W	S	G	M	L	H	G	U	P	H	A	N	H
J	R	B	O	V	T	V	C	S	R	E	D	N	O	S	E	B	E	S
G	O	O	J	N	K	H	L	C	H	M	W	F	Z	O	N	Q	L	Y
Y	D	S	W	H	L	F	Z	L	O	P	T	T	X	E	C	Z	A	J
T	R	S	N	K	P	L	J	S	I	N	D	D	C	H	U	R	I	C
X	G	G	M	Q	Z	W	A	T	D	X	G	X	C	F	S	E	Z	V
V	S	E	O	C	A	F	L	L	D	O	J	S	Q	N	K	O	O	R
U	I	U	N	Q	E	G	W	L	G	K	W	Q	X	K	N	Z	S	H
X	F	R	L	I	K	Z	R	P	K	R	K	Z	Q	S	O	U	Y	L

INDIVIDUELLE BETREUUNG VON KINDERN

AUS ANDEREN KULTUREN
MIT LERNSCHWIERIGKEITEN
DIE BESONDERS BEGABT SIND
AUS SCHWIERIGEM SOZIALEN UMFELD
MIT SOZIALEN ANPASSUNGSPROBLEMEN

N W Y T P U Q A K L K L M N E D M I J

E T I N E T K E J O R P F S Y Q L B F

I Z C H O Q B C L K T T K R S H J W G

L I Q U Q R Z B L T B N G I A L T X W

A J N Q A K V Q M A M D N P Z G Q S Y

I R K O O D F F H P P E U F J F E E U

R I S Y C U K O A L S R L H F M M N Q

E V U A U S T A U S C H K O G K X I Q

T J J S T I H P L M K J C R G Q M P Q

A G D R Q X G G S V G O I G O E C R G

M T D L Q Y U E T N N O W A G P L E Q

S H L G G P K G N E I M T N U W E T S

T C W E C R C X E J H R N I W E L M V

H I Q M V G U Q V Z C E E S P S U U S

C R W E R A X A E U A I R A Z N H J U

I R E I H D Y M S S E L E T N D C S M

R E T N Q C D Y S V T A T O G Y S N O

R T N S T D G B U Q M P I R M V P F H

E N H A L W J S L H A M E I Y A T O D

T U P M P R P V H G E I W S A P C T I

N H E E H R E J C P T D M C Y L S V S

U S V N B V E A S O F H L H U F F Z C

B E C X I E N M B F T R U E V E Q P T

H K C K C N Y Y A H U J V N G A Y C E

16

BESPRECHUNG IM KOLLEGENKREIS UND SCHULLEITUNG VON

ABSCHLUSSEVENTS

GEMEINSAMEN PROJEKTEN

ORGANISATORISCHEN FRAGEN

UNTERRICHT IM TEAMTEACHING

WEITERENTWICKLUNG DER SCHULE

AUSTAUSCH UNTERRICHTSMATERIALIEN

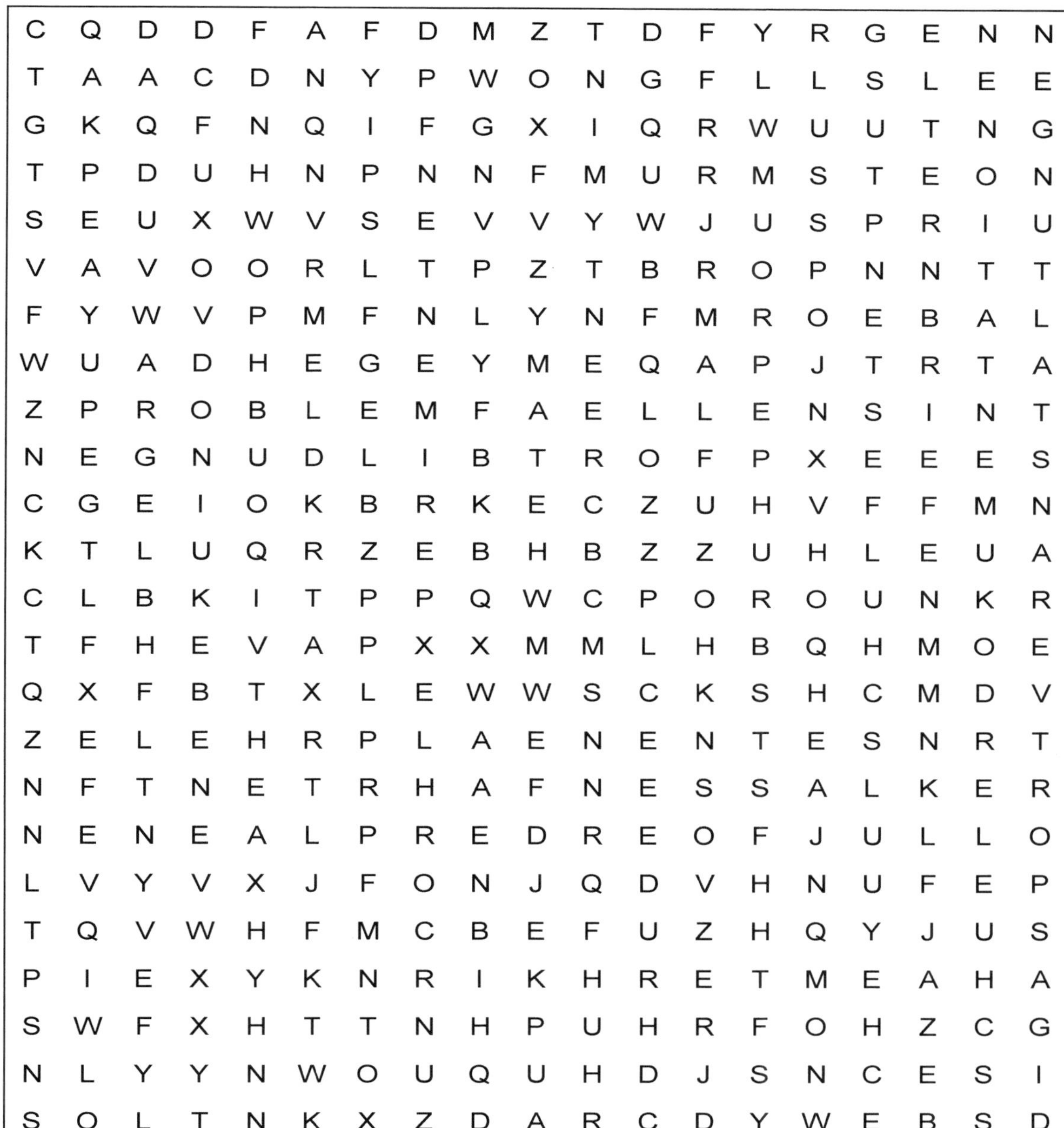

17

BESPRECHUNG IM KOLLEGENKREIS UND SCHULLEITUNG VON

LEHRPLAENEN
SCHUELERDOKUMENTATIONEN
SCHULFESTEN
SPORTVERANSTALTUNGEN
EXPERIMENTEN
BRIEFEN AN AEMTER
FORTBILDUNGEN
PROBLEMFAELLEN
KLASSENFAHRTEN
ELTERNBRIEFEN
FOERDERPLAENEN

T Y U L L N Q T Z S D Z C C D N K H N
I W S G S P T M U Q R A G V G E L I V
E J K Q H T D A L B E Y L S E G A M F
B U N G K U X S T B C E J H S A S N T
R Y Z R K I D T H A X F T W E R S E I
A S F C E N P F T V C W R E L F E O E
S D Z U G M X Y P K B V T Z L S N Z K
G L E Z Q E X J B Q L K Y U S T S N G
N U U R B G C A V F I O U T C H C L I
U H T E U B A L Q L U A G M H C H T S
T Q W L J N L G F K R V I P A E U M O
L D G Q J C U N V E E R C W F R E A L
A E R P L A O A L N B H H I T L L A N
W L F Y Z K J E K W M Q O P L U E C I
R T M T V S U O P O J F Z H I H R J L
E O U T Z H C X L B K I Q O C C Z B P
V V U G C K G D V Z V D T L H S A U I
H L I S D M M I K X H W Y K E R H N Z
M Q H Z L L E S Z O F P V I O I L P S
I Z I O N L J Q G C Y V Z N K C V Z I
L V N K E H P C W M D O O U R I G X D
S F X Z H J L E E N G C R Q Z T O R L
C K X L Y A V Y P E S S N O R M E N M
F W U M F B Q A U Z J V E B B B X N V

BELASTUNGEN DER LEHRER DURCH

ZU VIEL VERWALTUNGSARBEIT
ZU VIELE SCHULRECHTSFRAGEN
ZU HOHE KLASSENSCHUELERZAHL
DISZIPLINLOSIGKEIT DER SCHUELER
KONFLIKTE GESELLSCHAFTLICHE NORMEN

C	A	U	S	S	E	R	H	A	L	B	W	K	G	U	P	S	J	Q
O	T	Q	I	D	N	E	G	N	U	T	A	R	E	B	G	C	U	U
M	R	Z	D	O	A	R	H	W	L	Q	D	A	U	P	P	H	N	V
O	F	U	W	N	B	T	M	D	O	G	C	T	H	W	F	U	P	V
I	R	A	V	I	A	S	T	B	E	Y	F	Q	S	X	U	L	W	S
N	E	G	N	U	T	A	R	E	B	N	R	E	T	L	E	Z	O	P
X	O	B	B	F	T	F	V	P	D	T	W	R	M	Q	B	E	Z	C
S	E	L	N	D	I	S	Z	G	U	S	V	O	M	T	H	I	Y	W
U	S	G	A	L	Y	T	S	Q	P	Y	G	C	A	N	B	T	W	H
H	S	A	X	R	S	F	Q	U	Z	N	K	P	R	G	L	C	J	O
L	F	F	J	A	H	N	M	P	B	I	C	J	S	I	S	Z	B	E
I	R	K	W	X	L	H	Z	T	Q	Y	P	I	F	U	A	C	S	D
J	O	U	G	R	O	S	S	E	O	V	L	H	H	G	Y	D	I	N
H	D	O	I	X	W	P	P	N	O	V	B	X	G	O	C	Q	H	E
R	A	I	C	G	V	E	L	F	A	A	V	O	P	G	X	Z	W	A
Y	Y	P	X	Q	D	J	E	U	S	T	E	H	E	N	G	B	Y	W
Z	U	V	O	H	X	G	A	G	M	I	N	S	N	F	V	K	L	F
N	E	F	D	T	Y	Z	M	V	D	V	A	M	H	L	P	I	P	U
E	B	R	H	B	P	G	U	J	N	R	E	L	E	U	H	C	S	A
H	M	Q	S	A	Y	B	F	N	Z	F	K	V	L	Q	W	C	U	G
E	Z	P	M	U	X	G	B	H	X	T	W	E	I	N	P	G	Z	B
G	R	Y	F	D	Z	R	V	C	I	R	B	I	U	E	B	V	I	C
C	Y	Y	H	D	D	Y	C	J	K	W	X	Q	U	X	L	O	A	J
M	Y	O	V	C	R	E	L	G	J	G	F	X	R	E	D	O	D	E

BELASTUNGEN DER LEHRER DURCH

GROSSE AUFWAENDE AUSSERHALB SCHULZEIT
WEITERBILDUNGSVERANSTALTUNGEN
ZU VIEL STEHEN ODER GEHEN
BERATUNGEN VON SCHUELERN
ELTERNBERATUNGEN

N	R	S	C	H	U	E	L	E	R	N	F	G	T	R	Z	B	S	G
R	D	A	Q	R	Q	Y	B	K	I	Z	A	S	X	S	T	L	J	R
E	P	F	P	G	M	O	D	V	J	I	F	I	V	I	S	R	T	X
T	O	S	H	A	S	Q	F	A	B	K	I	Z	Q	V	C	O	A	K
I	K	L	Y	V	Z	W	K	S	D	Y	N	H	Y	G	H	N	M	M
E	B	E	G	C	O	C	A	T	L	M	M	A	J	C	U	U	F	R
B	W	S	Q	F	H	C	U	L	S	V	R	U	T	Y	L	J	A	K
R	P	R	R	S	O	O	G	E	A	K	J	S	J	X	S	Y	S	O
A	F	N	E	S	S	D	L	A	G	H	A	M	Q	N	E	O	C	L
L	Z	R	I	H	T	Q	U	O	N	L	Y	E	P	G	K	O	H	L
A	B	P	W	K	J	H	A	I	G	R	Z	I	V	K	R	G	U	E
I	V	S	I	F	L	Y	D	A	U	E	E	S	G	D	E	Z	L	G
Z	L	F	O	S	W	K	E	P	O	S	N	T	U	Q	T	A	L	E
O	X	S	D	Y	L	M	B	N	M	Y	F	E	L	F	A	F	E	N
S	R	R	K	K	T	V	H	J	Q	B	S	R	V	E	R	T	I	P
L	I	M	X	E	N	U	N	N	C	C	F	R	I	P	I	Q	T	F
U	B	I	R	G	I	A	S	U	J	S	Z	C	T	V	A	H	U	E
H	A	N	N	G	F	G	J	Q	D	Q	P	Q	U	J	T	Z	N	M
C	A	Y	U	E	Q	O	M	U	Q	J	Y	L	C	V	A	G	G	J
S	M	E	Z	K	T	T	S	U	Z	A	Q	K	C	T	C	A	B	X
U	J	K	U	B	Z	Z	D	R	I	E	R	D	O	W	V	S	O	K
C	Y	Z	Q	P	J	Y	R	D	Z	E	R	E	Y	G	C	T	Q	K
G	K	K	X	V	J	Y	Z	E	W	D	D	H	W	O	N	I	C	L
G	Y	U	B	K	Z	K	E	O	A	K	U	B	U	F	R	C	I	C

GESPRAECHE FUEHREN MIT

SCHULSOZIALARBEITERN
SCHULSEKRETARIAT
SCHULLEITUNG
PSYCHOLOGEN
HAUSMEISTER

SCHUELERN
KOLLEGEN
AERZTEN
AEMTERN
ELTERN

X	H	G	E	Z	E	J	K	M	E	A	I	J	W	P	Q	N	H	S
X	P	H	P	O	Z	K	V	U	B	F	S	Z	N	H	C	P	X	C
F	T	O	N	X	E	X	U	T	R	X	Y	C	A	J	P	A	Q	H
B	A	M	I	H	J	U	Q	T	W	L	G	N	B	M	V	E	O	U
M	K	D	R	O	S	A	F	K	D	Y	N	S	V	E	K	D	T	L
M	Z	X	E	U	T	F	A	R	K	R	H	E	L	X	Z	A	A	V
F	I	H	R	M	W	K	U	X	G	I	V	W	K	S	B	G	E	E
E	L	J	H	N	O	S	R	E	P	R	H	E	L	E	P	O	Y	R
V	F	Z	E	H	C	L	E	D	F	F	K	Q	C	Q	H	G	D	A
X	J	K	L	I	U	U	N	I	U	F	G	D	C	M	V	E	A	N
P	R	M	S	C	H	U	L	A	U	S	F	L	U	G	B	Q	E	S
H	R	S	L	V	U	Z	G	W	P	H	J	K	W	W	N	R	U	T
U	E	G	R	R	P	N	N	E	S	U	A	P	L	U	H	C	S	A
G	V	Q	Y	U	R	E	T	H	U	T	C	D	Q	W	N	U	J	L
S	V	F	U	T	Z	B	Z	E	U	R	C	X	T	T	F	P	P	T
U	P	Q	X	L	T	B	J	E	R	I	Y	T	I	G	E	D	X	U
O	H	V	W	E	F	G	L	O	H	R	M	K	J	H	D	V	P	N
U	Z	N	M	H	F	H	N	J	J	W	I	L	B	R	G	R	C	G
Y	E	X	V	R	S	F	I	L	P	H	U	C	M	Y	I	W	P	E
D	I	K	X	E	B	S	Y	G	Z	U	C	R	H	U	S	W	P	N
T	E	G	G	R	J	I	G	E	O	D	B	K	W	T	M	F	N	W
K	G	I	A	S	Y	N	J	Q	T	J	O	N	T	W	Z	R	O	R
Y	J	U	L	Z	D	C	K	V	V	P	O	L	D	E	I	T	S	M
G	S	C	H	U	L	F	A	H	R	T	L	F	J	F	H	L	L	P

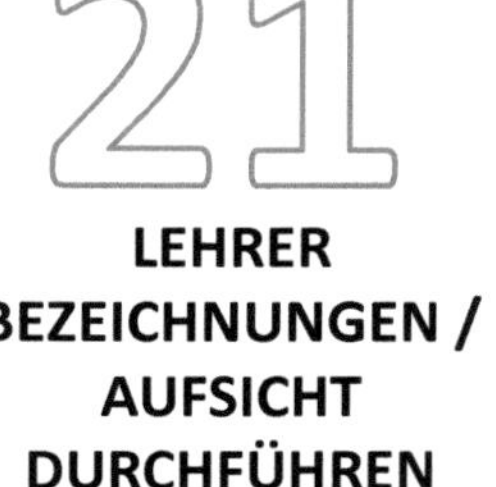

LEHRER BEZEICHNUNGEN / AUFSICHT DURCHFÜHREN

LEHRPERSON
LEHRKRAFT
PAEDAGOGE
LEHRERIN
LEHRER

SCHULFAHRT
UNTERRICHT
SCHULPAUSEN
SCHULAUSFLUG
SCHULVERANSTALTUNGEN

N O J P M R L D I J A A Y Q H X F R Y
E V L U B H V O M A L U W L X O E T M
T K M D N I R M U O K S L E U M T D W
I M Q S T Y K V U P W C O B Q O Y N A
E P D I W W L H N E C Y C E F E P U Z
K M Y N W I Q L E H Y X K N Z M R I D
G X P T S N X C R C Z M W S G K M M V
I A J E H H V V E I M X C S E K K B R
H T B R T P A F I L S K S I E T R S M
E D O E F T M A M N B O I T T M J B T
A J R S R Q N E R E E O E U V G M R I
F Q E S J Z D U O O R C L A G P D X F
E E W E W P K F F S A J T T W H P V L
E O Y N Y W E G N R T C E I T I D U N
O G Y A J S W Q I E E Z R O M G F H J
T Y L I U H N T Q P N I N N A M X I B
L E R N S C H W I E R I G K E I T E N
L E R N V O R A U S S E T Z U N G E N
K W C Q D B E Q Q Z F B H Y W O Y Y F
K I I Q S M B V A D E S N G J I G K P
N G N A F T O O C R N L H U U H U Z Q
X O D Y F W P P H N W D S G W C M H E
B V N Q N G G A E U C M V L P O N G W
S C U B B C D I G M E I X E R T Z X C

FOERDERUNG UND BEURTEILUNG VON SCHUELERN DABEI BETRACHTEN

LERNSCHWIERIGKEITEN
LERNVORAUSSETZUNGEN
FAEHIGKEITEN UND INTERESSEN
PERSOENLICHE LEBENSSITUATION
ELTERN INFORMIEREN UND BERATEN

R	L	U	Q	L	P	G	X	G	D	X	D	Y	U	M	D	C	D	H
E	C	L	I	Q	W	E	U	R	R	V	S	R	R	C	S	B	R	T
R	P	T	D	U	I	S	Q	D	G	O	T	Z	U	K	T	E	E	S
H	G	V	K	U	Z	Z	I	J	F	M	H	E	N	W	U	S	A	P
E	L	T	E	R	N	A	B	E	N	D	B	L	N	T	T	Y	O	G
L	M	B	K	T	F	E	G	U	Z	O	V	T	K	S	F	Z	M	N
S	L	U	V	I	F	R	B	Z	R	E	D	E	N	Z	T	L	L	S
G	I	N	G	X	C	H	U	S	V	D	V	R	E	N	X	B	K	H
N	I	T	L	E	J	O	S	V	J	S	P	N	Z	E	S	C	E	O
U	G	S	U	C	P	E	G	R	U	X	R	S	N	N	C	E	J	O
T	P	I	H	R	G	G	A	W	P	I	U	P	E	E	E	D	D	S
E	W	U	N	N	Z	Z	T	H	U	X	E	R	R	F	O	D	O	C
R	I	R	B	J	X	S	O	H	S	X	F	E	E	F	A	Y	Q	H
T	V	K	U	A	R	D	X	X	P	D	U	C	F	O	P	U	Z	U
R	E	S	N	Q	Y	W	Y	W	Q	F	N	H	N	B	Z	Q	B	L
E	G	U	C	I	N	E	G	A	E	F	G	T	O	H	Y	Q	P	P
V	V	A	S	I	Y	N	S	U	F	R	E	A	K	Y	O	W	R	R
J	H	U	L	M	D	M	N	J	E	O	N	G	R	F	Q	C	G	O
L	P	A	N	Z	C	A	Q	U	B	G	R	E	E	D	H	V	H	J
W	A	T	O	F	Q	C	T	U	L	S	M	O	R	H	X	M	O	E
O	S	S	D	D	G	S	S	D	J	Q	E	E	H	E	L	D	J	K
T	Q	B	U	Z	Y	Z	V	M	V	J	I	P	E	Z	Q	K	A	T
R	T	B	E	A	L	L	M	I	B	C	X	O	L	G	V	L	D	E
Y	P	C	N	M	Z	Z	L	C	U	I	S	Y	P	O	D	Z	P	Z

VORBEREI-TUNGEN TREFFEN

ELTERNABEND
ELTERNSPRECHTAGE
VERTRETUNGSLEHRER
TAG DER OFFENEN TUER
LEHRERKONFERENZEN
SCHULPROJEKTE
PRUEFUNGEN
TESTS

N	W	B	G	H	Z	T	J	W	F	M	Y	V	Y	M	O	N	H	Q
I	M	D	X	D	J	W	E	K	G	J	K	V	D	G	S	P	S	U
Y	N	Q	M	U	E	B	U	N	G	S	A	U	F	G	A	B	E	N
K	L	A	U	S	U	R	E	N	I	R	K	B	D	E	B	I	V	H
P	T	R	R	E	Y	L	M	M	O	T	K	W	H	F	O	R	X	N
C	B	I	H	R	Z	V	L	H	L	T	R	A	D	S	H	P	K	E
J	X	U	B	J	A	S	T	A	D	S	F	K	U	C	I	S	B	T
S	A	C	G	O	R	T	W	M	W	C	K	D	K	I	D	N	Z	I
S	I	L	H	G	Z	S	W	V	N	L	G	O	P	M	E	Y	A	E
O	W	A	Y	A	E	E	V	U	P	T	I	T	B	T	S	H	N	B
A	C	E	S	Z	T	T	A	D	T	A	Z	G	I	Q	B	E	Q	R
G	O	O	C	C	B	N	I	C	J	T	Z	E	G	F	T	X	G	A
Q	H	C	T	J	O	R	R	C	R	X	B	W	I	I	Y	H	F	N
F	W	L	O	M	U	E	H	P	X	R	K	Q	E	N	Q	F	W	E
M	A	D	H	H	B	L	K	W	A	H	G	B	C	R	S	P	D	S
Q	J	C	G	T	K	G	X	S	B	W	R	L	N	C	E	E	I	S
W	U	I	B	M	H	P	S	D	R	A	V	L	Q	Q	M	N	D	A
O	X	W	D	L	I	U	N	Q	S	D	P	A	F	Q	B	U	V	L
Y	I	X	E	C	L	H	C	U	K	X	S	P	I	A	U	G	E	K
K	W	V	Z	H	G	J	A	P	N	L	L	F	J	D	B	P	K	N
Q	A	Q	C	U	D	H	K	R	H	X	V	P	I	X	Z	Y	T	P
M	F	S	Q	R	O	X	Q	M	N	A	P	V	J	L	R	V	E	E
R	B	E	Q	B	P	J	V	U	F	E	W	Y	I	M	P	B	B	L
A	Y	P	W	Y	U	J	U	W	F	L	R	W	Y	Z	N	D	P	T

KORREKTUREN DURCHFUEHREN

LERNTESTS
KLAUSUREN
HAUSARBEITEN
KLASSENARBEITEN
UEBUNGSAUFGABEN
ABSCHLUSSARBEITEN

K O U K Y B M H G D F Z C V Z E N K D
W C B X A P S P D M E S P N Q E A A Q
I T I A P R I Z U S A E E W H N T E U
X J Y P W O S W N V P T L C E Q L I A
W M Y F N H U O O P E H S T S I Y G X
X W E J L D A K K P L I L E H M M Q O
G N U D N E J D M R T A L E U F I U Z
L W L U N Y R O U K H E N I Y M Q F G
T J A E Y E K N A N H L I V Y T W Z E
U K Z H G L F R I R P G U K C G U R B
W U R X A E P I S N R T C N E D D V G
A T H I K H R T E E H O S S E I B H A
P M Z M C Z O S R R F A E Q D S M Z P
G O B A W F M E R V G L L L B A S R U
S W F C F E S I F H L R U T Z H E I L
I W R G A N R F I S E F E W E G K I W
I P N B U X S T C Y N K X B W N F E C
F A E C H E R H E N M R R S E L B M H
X J X L C Q A X F N X Z O E G U S D M
Q J K J Z F I R X L K C Z Z V E Q T G
B Y U R T H X J A X X O W U A N P Z Q
Q R E O D C S G W V F D I Z K Y P A H
J K X G H F C H C P J C N R H P C C U
U C T W I G E F M P F G A M L Z R F W

VERMITTLUNG VON

VERKEHRSREGELN
SOZIALKOMPETENZ
FACHPRAKTISCHEN INHALTEN
LEHRSTOFF UND LERNINHALTEN
WERTEN UNSERER GESELLSCHAFT
FAECHER UEBERGREIFENDEM WISSEN

U	V	U	V	V	E	A	Z	R	A	C	M	S	V	U	N	B	S	V
N	B	U	N	J	F	Q	Z	J	E	L	M	I	U	F	S	O	P	A
D	L	P	O	D	L	X	P	K	I	A	A	R	X	J	S	U	N	Y
I	F	A	P	K	D	X	B	W	R	A	R	F	A	S	W	E	F	D
L	P	L	Z	N	E	J	U	T	H	E	G	R	M	P	A	B	H	D
K	P	U	J	D	V	O	P	J	K	U	O	Q	A	O	D	U	G	C
U	W	F	S	L	K	H	D	K	A	B	R	W	V	T	S	N	U	V
Q	C	A	X	M	O	C	S	K	R	P	P	T	I	P	G	G	L	L
O	X	X	A	N	R	G	X	A	Y	U	L	A	F	A	S	S	E	N
R	Q	Q	E	O	T	M	R	C	E	N	U	D	Y	L	M	H	Y	S
K	S	Z	C	U	H	Q	C	E	D	W	H	O	L	C	R	E	O	A
C	K	D	Z	Z	A	L	O	N	U	P	C	R	J	P	D	F	U	R
B	H	F	Z	U	N	C	O	P	J	X	S	F	L	P	D	T	L	U
V	U	J	C	D	X	Z	G	G	V	H	E	A	H	J	F	E	N	P
K	P	U	V	G	L	L	K	D	X	C	E	Q	K	W	I	G	P	O
F	J	A	M	O	R	X	Y	A	D	N	W	Y	Y	X	L	B	Z	R
T	L	Z	H	T	Y	R	M	Q	E	U	W	E	R	N	U	Z	B	P
E	J	F	U	T	J	N	E	Q	H	L	Z	Y	D	X	Q	R	V	J
L	X	X	I	C	F	A	C	H	L	I	T	E	R	A	T	U	R	G
B	W	G	Y	J	S	E	F	M	C	U	F	T	T	Q	V	W	E	Q
A	W	L	K	R	V	K	N	T	J	E	B	M	E	U	S	V	B	O
T	G	S	H	H	B	Z	Q	J	U	W	U	C	H	Y	N	U	F	M
Y	O	M	R	G	J	P	G	M	M	P	G	B	E	I	U	O	J	A
Z	U	L	X	X	D	V	Q	W	I	N	M	T	P	X	T	E	F	I

MATERIALIEN DIE VON LEHRERN BENUTZT WERDEN

SCHULPROGRAMM
LEHRPLAENE
FACHLITERATUR
UEBUNGSHEFTE UND BUECHER
LAPTOP
TABLET UND SMARTPHONE

K V Q H F V J H K S Q B O O C E A G Y
D I R Y J X P E M S O S M U A X J Y Y
U M E C P F J U D G X U T L K H D Q N
U P O B H D Z L F C J W H X S R N D L
S K Y N M W D N N Q T Y M N U F P B K
V O O G C W Y C X O A F D C U A P J C
E D F P T R P C S B J I K G U E Y V R
R L G T I Z C Y R J U E I Q U E G U B
W N L H W E P I W A R B I H G Z W J G
A K F O O A R D W T F C B O K O J S Q
L X W I V Q R E Q S V T U T O H V E B
T T R F M T N E R G Q J E G D Q X X Q
U P L B E V Z O F L G S R R L F I S C
N C I P J E R W Y I A G O P G K D J X
G I C Y W Y P J U Q Q G A A N N A Q V
S T C H U V K V B J K C R U U S M G C
S K W X E E Q C H J P P T G X O H H M
O N U L S J R G M I A M I T F F J E G
F K Q T O N J P G G A L K M Y F Y E Y
T Z I U S S A M A Y F V E O J I T X N
W D Y G E V N U U U X Z L H F C A S E
A C N P E P R K M H E A L B E E N M Q
R Z Q U T R U G V G F W X J F D S S S
E W O R K S H E E T F P F N J G G U J

MATERIALIEN DIE VON LEHRERN BENUTZT WERDEN

WORKSHEET CRAFTER
BUEROARTIKEL
OFFICE SOFTWARE
DRUCKER UND KOPIERER
PC
VERWALTUNGSSOFTWARE

O	I	H	F	S	N	U	O	J	I	T	X	P	K	Z	G	H	I	T
M	S	Y	W	Z	I	G	D	R	R	M	Z	F	Z	J	A	S	U	A
E	L	L	O	R	T	N	O	K	N	E	K	S	A	M	B	V	C	U
Q	J	H	X	Z	G	U	L	I	Y	S	J	L	Y	E	M	U	M	P
M	E	S	S	E	N	G	A	S	P	C	T	Q	W	L	X	O	H	K
X	K	O	W	V	W	V	H	F	A	P	I	G	W	L	K	E	J	E
P	C	F	D	V	R	N	T	A	V	M	P	B	H	O	L	J	C	R
R	Q	C	U	C	H	A	N	T	Q	V	A	O	K	R	K	T	W	B
N	E	N	R	K	B	R	E	E	Y	S	F	A	A	T	O	R	K	Y
V	F	Q	C	N	I	O	E	U	T	E	F	P	R	N	A	P	O	J
T	S	O	H	I	H	T	G	I	M	F	C	I	X	O	N	C	M	O
M	N	V	F	B	I	Z	P	L	N	E	E	A	L	K	J	G	U	K
M	I	A	U	E	Q	S	O	H	B	I	Q	U	E	S	Q	X	Q	Y
F	R	M	E	K	K	L	T	K	M	Q	G	D	L	D	Q	R	O	A
L	B	X	H	N	Q	F	H	H	D	A	M	E	G	N	B	L	A	Q
A	P	E	R	D	Y	G	R	D	C	G	M	F	N	A	T	E	K	O
Z	C	H	E	R	S	Z	Y	T	S	R	V	P	M	T	E	P	N	Y
D	M	Y	N	F	R	V	G	E	J	E	C	N	R	S	I	Q	I	K
T	E	X	T	F	A	S	O	E	M	F	G	T	H	B	X	N	Q	Q
I	B	H	T	W	Y	S	M	K	I	T	J	E	F	A	M	V	Z	U
B	J	X	C	Z	U	W	K	E	F	A	P	S	Y	M	Y	R	H	B
B	O	Z	B	S	Y	K	B	F	I	L	D	T	W	B	R	D	C	A
S	R	B	B	X	I	E	G	O	U	S	L	S	B	I	T	N	P	N
M	M	F	V	O	R	T	L	Z	C	X	T	N	C	Z	B	B	H	Z

Hygiene Maßnahmen

TESTS DURCHFUEHREN
FIEBER MESSEN
RAEUME LUEFTEN
MASKENKONTROLLE
TISCHE REINIGEN
ABSTANDSKONTROLLE

O	J	E	P	T	C	K	R	Y	S	C	H	U	E	L	E	R	Q	R
S	M	R	Z	A	J	Z	S	A	E	K	U	W	E	H	K	J	R	S
S	T	K	J	A	N	S	G	H	Y	V	M	B	Q	L	N	Y	N	S
X	L	V	J	F	W	J	P	C	D	C	C	T	K	Z	U	E	U	A
A	U	F	M	E	R	K	S	A	M	E	Y	Q	Y	C	N	H	I	P
C	U	U	O	G	O	E	B	W	D	P	H	X	W	R	E	U	C	S
F	K	L	R	K	B	I	F	N	O	A	L	D	E	P	S	E	M	S
V	E	E	G	H	G	E	F	S	B	Q	D	L	N	K	R	I	O	K
N	E	N	N	I	R	E	L	E	U	H	C	S	I	U	B	D	K	R
Y	X	E	J	L	G	A	N	E	K	T	L	F	U	U	O	R	M	Y
C	R	M	Q	K	Z	B	Z	X	L	D	I	W	D	N	E	P	K	I
N	D	Z	H	D	N	A	Q	W	V	I	E	L	A	D	W	S	B	F

AUFMERKSAME SCHUELER UND SCHUELERINNEN DIE SPASS AN DER SCHULE HABEN UND VIEL LERNEN

WICHTIGSTER LEHRER WUNSCH

Lösung 1

A	M	C	M	D	H	C	E	A	U	M	R	B	Z	Q	O	Y	S	P
C	A	N	U	A	Z	K	V	N	U	O	J	A	D	B	K	A	E	A
N	E	T	F	I	R	H	C	S	R	E	T	N	U	G	H	Y	D	V
N	M	E	I	K	I	W	A	V	S	E	H	T	S	B	K	Y	I	Z
E	Z	N	M	C	U	L	N	E	E	I	T	F	C	K	W	D	U	K
G	P	H	N	E	T	I	E	R	E	B	R	O	V	O	P	H	H	U
N	L	O	P	V	H	F	L	B	A	N	G	N	F	T	N	T	L	R
U	L	N	Q	M	B	G	I	S	W	U	I	H	D	Z	E	F	V	K
T	F	L	Z	E	L	Y	E	B	N	L	A	U	H	E	T	F	G	M
L	X	E	W	D	V	D	T	Y	B	H	N	L	T	X	I	S	W	O
A	N	M	L	V	T	C	N	R	Z	T	F	P	I	K	E	S	L	E
T	N	M	Y	Q	R	U	I	P	E	X	E	N	O	E	B	M	S	U
S	M	A	N	F	M	E	E	R	Q	Z	V	N	E	M	R	I	O	P
N	P	S	O	E	W	G	R	L	N	M	T	B	V	C	A	C	J	U
A	S	N	T	N	P	I	M	O	Z	R	Z	O	E	S	R	F	R	H
R	A	I	E	Q	C	P	K	W	O	W	R	T	V	I	E	K	I	E
E	L	E	M	H	Q	R	U	L	V	B	H	S	Y	O	D	U	K	Z
V	Y	X	T	J	H	D	L	R	E	O	H	D	J	O	M	N	S	U
L	N	V	H	E	J	I	H	R	G	S	V	U	W	O	U	C	N	G
U	N	D	L	W	E	P	E	K	J	N	W	V	O	O	Q	Y	T	H
H	O	D	P	R	Y	I	C	Y	A	W	R	X	G	H	D	F	H	N
C	V	D	E	L	T	P	R	R	P	L	J	E	F	V	F	O	U	H
S	K	N	I	E	P	T	T	S	T	O	T	Q	L	M	J	A	W	H
H	G	P	N	A	R	B	E	I	T	E	N	U	A	S	E	F	Y	R

Lösung 2

Q	R	E	L	E	U	H	C	S	K	G	F	F	E	W	Y	E	L	T
S	S	E	J	U	E	F	E	W	S	P	P	X	D	S	C	E	Y	D
Q	L	T	K	M	Z	J	U	O	X	G	C	Z	N	O	J	Y	D	F
G	Y	M	Z	S	I	Y	N	Y	W	N	F	D	B	U	O	S	G	F
U	W	X	Z	M	K	B	X	V	E	C	U	A	Q	Q	B	C	J	Z
N	Q	U	P	N	R	P	L	J	U	R	M	N	Y	P	B	E	R	R
N	R	D	D	A	N	E	Q	P	C	Q	E	F	F	U	S	D	J	N
K	K	J	L	G	X	H	H	H	R	D	B	G	M	E	Q	K	R	P
N	E	A	A	H	G	A	F	C	E	G	D	L	H	Y	F	Q	P	B
H	O	Z	D	H	E	U	A	A	E	R	K	C	X	H	F	K	E	N
L	H	V	M	N	E	K	H	U	G	U	S	N	R	C	M	R	Z	E
E	A	T	U	H	E	C	I	Y	R	I	B	E	Q	F	A	E	C	G
J	B	X	R	N	S	G	I	C	T	P	I	L	T	T	T	H	Q	N
R	E	U	U	Y	E	W	I	K	R	W	H	W	U	K	A	W	C	U
T	N	X	N	S	S	R	A	T	M	U	H	N	N	H	C	Y	Y	F
G	Q	Z	E	S	C	D	E	U	H	M	G	O	R	K	C	G	A	E
N	Z	A	F	M	I	H	F	I	H	C	W	Y	K	B	L	S	Z	U
K	N	H	E	D	U	Q	U	F	S	H	I	J	G	X	F	K	F	R
D	E	P	U	F	Q	A	Z	L	O	I	V	S	V	G	F	I	D	P
E	Y	Y	R	X	H	I	G	W	I	U	N	Z	F	G	Z	C	F	O
O	K	N	P	E	G	E	U	L	F	S	U	A	L	U	H	C	S	R
A	Z	Y	U	P	F	G	V	A	B	C	C	T	G	R	A	G	W	G
I	V	E	O	G	W	S	B	J	V	O	E	H	A	R	Q	E	J	F
H	A	I	K	M	R	H	N	N	M	T	T	B	E	B	O	L	B	Q

Lösung 3

W	Q	B	Z	S	A	S	H	R	V	B	P	F	D	Q	U	O	Z	W
V	M	J	H	N	E	G	A	R	T	R	E	Q	I	X	Z	L	H	M
Y	A	F	H	S	N		T	R	V	R	L	G	E	M	G	N	F	J
O	V	R	L	F	Z	G	E	E	L	Y	S	N	B	R	S	G	Z	I
Y	F	U	I	W	Y	N	H	R	N	U	I	A	J	V	G	Q	C	K
E	A	S	C	O	A	U	I	A	P	H	C	F	N	V	Z	K	E	X
A	C	T	G	H	H	D	Y	A	U	A	O	M	D	V	P	S	N	A
N	H	R	P	W	B	L	S	R	N	S	S	U	E	N	W	P	Z	O
W	K	A	N	O	E	E	Y	K	B	D	A	S	Y	S	G	I	M	C
E	O	T	E	N	I	M	T	S	L	Q	I	U	E	B	Z	E	L	O
S	N	I	F	K	W	B	N	C	I	K	F	P	F	N	M	I	I	X
E	F	O	E	U	O	A	U	F	N	B	M	X	O	G	D	R	D	Q
N	E	N	U	R	H	N	M	B	L	R	F	K	X	N	A	E	E	R
H	R	E	R	C	N	I	N	O	D	T	V	J	Q	Z	B	B	R	D
E	E	N	P	V	E	F	P	W	I	U	E	R	R	A	O	C	E	S
I	N	T	K	D	N	I	E	T	I	Q	I	Z	I	S	E	W	Q	N
T	Z	E	T	K	B	X	C	K	M	O	G	P	F	Q	P	D	L	S
N	E	O	K	N	E	L	T	E	R	N	K	O	N	T	A	K	T	X
E	N	I	P	J	R	E	U	E	U	W	L	A	K	X	Z	W	S	Y
L	H	V	L	E	O	U	D	N	N	M	Y	J	B	R	U	O	U	A
H	V	J	D	L	O	G	Q	T	A	N	H	W	S	V	H	V	A	G
E	L	N	I	S	E	H	C	S	I	G	O	G	A	D	E	A	P	K
F	I	J	S	A	Q	G	I	W	O	N	Z	Y	W	H	T	S	L	P
K	Y	B	A	Q	E	P	V	S	C	A	J	M	U	W	I	Y	B	Z

Lösung 4

E	V	Z	C	X	G	D	J	L	R	Q	Q	K	W	X	K	K	T	J
S	Y	J	D	J	S	Z	B	I	L	G	E	H	T	M	M	K	I	E
I	Y	S	P	H	T	Z	S	W	E	A	B	Y	S	V	F	W	E	B
E	F	E	I	U	W	X	S	P	I	Z	E	B	A	G	B	A	K	H
W	B	Q	X	U	P	N	I	C	T	S	F	C	G	J	K	R	G	O
H	L	P	N	Q	E	Z	C	D	Y	L	Q	R	V	L	V	U	I	Q
C	F	D	T	S	O	F	K	E	M	L	U	F	K	K	R	Z	H	U
A	E	C	S	R	E	R	E	N	I	E	L	K	Z	A	M	C	E	D
N	U	E	X	D	I	Y	K	F	S	H	N	X	A	F	Y	I	A	P
S	O	J	I	K	G	H	Q	V	T	C	E	G	C	J	W	Z	F	K
T	X	W	M	F	A	G	C	D	A	U	T	N	B	N	K	P	S	O
H	R	Z	S	Y	G	F	C	Y	O	B	H	U	J	U	G	E	N	D
C	D	Y	B	K	N	H	G	I	B	N	C	G	P	W	J	L	O	U
I	O	U	T	V	H	T	Y	P	M	E	I	R	E	B	W	B	I	X
R	A	L	S	P	C	S	L	A	U	S	L	O	M	Z	U	I	T	F
R	K	F	D	T	X	N	A	I	Z	S	H	S	L	P	I	R	A	V
E	V	I	O	C	C	H	W	A	C	A	C	R	K	I	R	X	V	W
T	J	L	O	I	N	N	P	O	Z	L	S	E	O	Q	Z	B	I	Q
N	W	A	K	O	D	T	X	H	O	K	K	V	R	I	U	L	T	G
U	Q	B	I	F	I	S	X	I	W	E	K	P	F	U	T	K	O	B
I	I	B	W	E	H	B	G	W	V	U	Q	R	W	T	M	W	M	I
H	Y	Q	R	P	F	V	O	Z	Z	P	W	R	Q	H	N	V	T	C
Q	B	T	X	Z	T	N	O	T	F	A	L	L	R	A	T	I	O	N
T	S	S	N	E	N	H	A	M	R	E	K	Z	P	R	V	Y	P	P

Lösung 5

N	J	W	N	O	P	S	Q	F	C	X	K	F	I	I	W	H	C	E
E	Q	W	I	G	L	E	B	W	C	B	U	B	H	W	U	O	X	Y
Z	K	Q	M	V	F	H	F	F	C	H	O	U	E	X	B	L	N	W
N	N	T	B	J	Q	C	L	U	S	T	J	T	H	O	G	L	E	I
E	E	J	L	T	N	S	J	O	Y	G	O	Y	S	V	S	N	R	D
R	R	P	J	Y	G	I	Y	P	K	S	B	Z	P	O	G	T	H	E
E	E	U	W	W	B	R	P	T	X	G	A	H	Z	G	S	H	E	E
F	I	B	D	G	G	O	Y	K	N	S	M	I	Q	D	U	M	U	A
N	L	I	N	Z	D	T	K	A	G	Z	A	M	W	X	H	B	F	M
O	L	H	V	N	W	A	F	B	I	L	Q	I	J	A	S	F	H	G
K	O	X	A	H	Q	S	F	T	E	E	Z	T	N	U	J	Y	C	F
R	R	R	V	U	T	I	W	R	C	F	F	L	K	N	T	P	R	U
E	T	U	S	J	S	N	B	S	C	L	I	A	V	E	D	J	U	X
R	N	T	P	W	A	A	G	J	F	E	M	Y	V	G	U	Z	D	K
H	O	A	S	S	L	G	R	T	T	E	P	K	F	N	T	R	A	B
E	K	R	Y	T	M	R	W	B	D	K	E	S	U	U	L	V	X	Z
L	E	E	C	A	Z	O	S	H	E	T	P	I	V	H	V	D	G	V
L	R	T	H	B	L	X	L	G	P	I	A	S	O	E	X	B	M	O
G	X	I	I	I	J	L	F	J	B	C	T	O	Y	I	A	H	D	N
I	A	L	S	L	C	L	U	N	O	Q	F	E	D	Z	K	N	X	G
W	M	H	C	U	J	N	E	B	I	E	L	B	N	E	K	S	V	H
O	F	C	H	W	P	S	T	I	J	N	B	Y	F	B	Q	H	C	R
O	S	A	C	Q	E	R	S	H	Y	K	G	W	Q	O	K	H	E	O
X	V	F	E	L	F	O	E	R	D	E	R	U	N	G	P	E	D	N

Lösung 6

D	V	Z	W	R	F	O	E	R	D	E	R	B	E	D	A	R	F	K
U	Y	O	I	E	M	Z	L	K	F	H	T	Q	W	C	N	W	J	G
K	I	I	N	E	Q	Q	B	J	N	X	N	V	A	Y	U	P	W	A
I	F	C	E	N	Q	E	I	Q	Q	O	E	D	M	R	A	L	B	Q
W	T	D	L	H	E	D	O	L	M	E	T	S	C	H	E	R	O	X
Q	F	L	X	E	C	G	H	U	F	U	L	Y	E	D	W	A	A	W
T	E	R	M	I	N	E	T	F	I	P	A	N	K	U	S	A	G	R
G	X	U	Q	B	X	D	A	C	D	Q	H	K	O	R	D	K	F	Y
O	K	J	B	U	B	C	V	R	R	Y	L	F	I	C	S	F	C	E
K	N	N	V	X	L	B	Q	A	P	A	W	G	W	H	S	D	L	T
E	C	D	B	Z	Z	N	A	E	S	S	N	N	E	F	D	G	L	L
B	I	A	Y	A	K	G	N	S	E	U	E	W	P	U	A	I	H	X
V	I	P	X	E	Y	T	E	N	R	J	Q	G	Z	E	O	L	M	D
I	G	E	R	Q	R	N	N	E	G	Q	W	J	N	H	M	E	C	V
I	M	S	J	A	A	K	I	E	U	N	T	E	R	R	I	C	H	T
V	O	G	D	R	L	N	E	E	G	C	I	D	U	E	E	K	X	B
J	B	C	B	L	I	X	G	N	G	O	G	D	D	N	O	T	Y	F
Q	U	E	P	M	M	C	Y	M	N	C	W	K	V	L	Z	O	L	Z
S	I	M	A	V	L	T	K	R	Q	E	B	E	V	S	E	V	S	E
T	H	L	S	R	L	U	R	S	P	L	N	A	G	K	E	G	B	Z
T	R	H	A	F	N	E	S	S	A	L	K	C	T	S	R	U	D	U
O	E	E	I	N	S	A	M	M	E	L	N	M	P	E	U	P	K	P
X	P	N	R	E	T	T	E	A	L	B	N	R	E	L	D	A	F	S
C	R	C	D	P	Y	B	C	R	V	E	G	B	O	P	O	D	J	P

Lösung 7

G H J S M N U A W K A X Q S K M L V L
N I V I L U Y A N P T M C C E J E B G
U N Z G G N X E O E T B I K A N J K B
T H S I V J Q I M B R S Q H E V Z D N
I F F Y W P Y P M L H D V F N L E R W
E J O M J R O E Y A G T E W A Z E H W
R J S G C R G H R S N U F T D L X E U
E Z F C A S Z D N K R M U Y E N W P E
B L L E R N G R U P P E N U J C H O O
H E R D U X E W R G N G H N B Z H Z U
C E K S O P Z E N U G C Z B E M E H T
A N E Y C G B U W S S Z N C W N Y R H
N R N K F E X O D S O Z M A K E P X Y
S W E U U W R I U P B D Q L Q B B G N
T R E H C S I G O G A D E A P I N E A
H N P C M N R R N I X I X F P E M E L
C E S R U K S G N U D L I B T R O F L
I G H G Q I X R A J D L I S S H H I C
R Q W U A P O A V R H V E X Q C W Y X
R S F Q L E E C L W J O D X Z S W Q T
E V L T E Q F T F N R B M F J N C N P
T L N Y F H L I S T E N A Z K A P T D
N A P Z P N N P S S L G C C Z I S Q X
U Y L W E E T N E T T E L I O T T E C

Lösung 8

E R Z I E H U N G S F R A G E N W P G
T K N A T K Q X I I P I V Z P X I M P
F J E A Z O B Y Y D S E F E C C S X D
F H Q G B V Z W V T R N T L L L F G Z
R T G N E X F D P G T F J U M E C N E
F Y G E A U O K L K X K T L E H Y U I
U G N S T S L N G E O A R X O R Y T N
E R U S V I N F E R G C N S N P I L S
R H N E F P V O S R T A K X F L S A A
G Y D I R S H B R U H X M T R A W H M
T Z R L K M Z C E W A E C Q R E X N M
O K O H B G D O O P R I U O P N D I E
V V L C L Q P O N P G E Q F M E B E L
S L U S G E U S Q R Z Y F Z H J D X N
Y L H F P K K P O G H U U Y T C V U G
H R C U L W E W M Z M H S V W A R V G
G B S A K O A M R J V O V P W G S U A
V S W I K C J C P R U E F U N G E N D
G R J C Y U K R A W X I T F A E G N B
I K E L T E R N A B E N D J Q U I E Q
C T M E Q Q G V L E B B P L D X F N B
E T V G Y M C R K K X F U O E K U N Y
I F A B U N D E S L A N D S I P Y E O
F V I O A H B M U A R N E S S A L K P

Lösung 9

Q F H K J R R M O W R X F J J J Y Y R
N M J H S I O X D L Z C B K E Z N R L
G L E V P H L D M H X U M V R Z N E X
N E L I E T R U E B E A C Y S C G P N
F P L K R N W Y F C Q E P J T K D U E
A F J Q B E A C H T E N Y V E A E S R
C F E P T R E E D J B Q O N L O G D E
H Q B R T F R N N F N R B O L I P S I
K W P Q I M N D A E B U S M E D C S T
O Z V O N N X E G E B E I U N U N D R
N U Z V K T N F R E Y A V G X T I Y O
F N S G L I M E Z I O S G A I K K S S
E E C E H M I K R M U Y H K W Z I A S
R T H D O T F T O N H G C X C T C M U
E O U M E H J E W I C V N Y I E S E A
N N L N V B J X O J U K H P F C U U N
Z E P D A L K G E S S I N G U E Z R Z
E B R H E P T M V S H L M E T I N Q G
F T O L A M O P F Z L D A R L N A M D
T Z G R R Q U L A I L Q R P E M M F A
U D R B V Y F C T P O T D B F V H L Z
L Z A B V Y B K P T C Q E Z C K G R W
T I M X A Q P Y M A T W N M B E L A N
C K M W S T J G Z U H A I V R S W P X

Lösung 10

E F I M G Q M R P J O M N Q Y Z J N J
H N M S O F T J B E R F V V D M E I V
C C A U C T B C Q Y Y J Y M V Q V E P
S V Z I O P C A N V U R W P K W N T U
I P C V E O A R I Q N E T J U Z K T Y
R J C U Q K I B O Z L H M Q R L G F F
O I D D R E F E U Y J C X K S F M P S
T T K D E S E I K J U E Y E H L Z Y N
A X R R Z D S T N N U U J T E G U E B
S H K B B X C S M K N B Q Y F F X J Y
I K C Y H R F B D G L L R D T W X A J
N O U R M Y A L C L J U Z H V G P T V
A T O D P H B A G I A H S Z G V D E L
G K J O U E L E I M B C Q I W A H K W
R A N G M C D T Q S G S J U O L L V J
O U C E T T T T X Z C F B C M N Z V A
L F B M G E A E B U F H W F O I Z Q T
U G C V H I P R E M N L E T T E Z H E
H A L K U Z H E I N S A M M E L N J I
C B O M D Y L I I J T M B U U N W D E
S E A E R G N E D I E N H C S U Z Z Z
I N F E A Y P Z K M N F U E H R E N V
B U N T E R S T Ü T Z E N M N O V L P
Q A P X V R A Z N E L H E A Z M N A U

Lösung 11

O Y Y A L V I N T P N E B A G N A N I
K U M D U M U A R N E S S A L K G D K
B N C N E T I E B R A F A R T S Q X L
S M F P U A A S V O L Y L M E B J N A
W J R H X T T H C I R R E T N U Z E S
Y K K C O G D C H W C S R Z U R G R S
Z F P D H B Q H F I P X Y K O V C E E
V N E T L A W R E V K U W Z I B X I N
T I E K G I D N E A T S T S B L E S R
C W G Y P C P W Y U R D F D C F Q I E
K F I P M R Y O Z H A O Y U P R C N I
K P S P M Q J W F G V A Q U R Q V A S
U N M V N W H M W W V S N Y Y L S G E
A E I Z C F Q I F S M E A Z A B E R N
H L H L J X G U S J T Q Y G F B J O X
E I A G K T M F K I L H L X L I T S J
M E E U Y D V G E D H R N R I F W D I
L T I S B P D R V F N Z X F L C F Y I
F R X O C E E A S F C H V V K N X J D
E E L E B B A B S C H L I E S S E N T
Z M K U H C I J R F T U O Y Q N Y L B
L H U C O G Y E Y H D J B K I E Z G F
X I A U O U K F O E R D E R U N G G J
S N O X V S F C I K J A G G M R Q C Y

Lösung 12

Q K S G F P W N D V C C K F F X H G T
C N J B P C L R B E S C H A F F E N I
G K L U I J C P Z T E X R T H A B U E
V R A Y Q Y M H M U N A H V A E P R K
W L P S E J Z N Q M T R G C B W R F G
N Q N T K O Z H X L S B C N E H E A I
H B K N D Y G I Q Q C E B T N Q Z P H
O W Q E U D P J W V H I I U S H U W E
Q U A B D G R G R J U T W F T N S M A
D F T F G R S O V O L S N U K H A G F
L D F J M U Z Z E W D M Q I O G M F S
J L E H R M A T E R I A L I E N M U G
Q X Z P B X C U B U G T Q J H F E S N
W N E T F E H B A A U E R L P B N N U
N J Z I O Z P K P M N R I Z E N S E R
V V J E X Z E E A D G I U R H L T T E
P E F P T D B X N X E A B H W J E L T
U E B E R W A C H E N L G K N L L A S
B Q R B K G X H T F I I F B E B L H I
L L I D L Q E T C C Y E X M A Z E E E
C V K S J J O C K K X N T H Z G N B G
Q U R M D D C T V M K L A X Q H O I E
H I M I T M A C H E N E T P K I V I B
R Y Y P U E I T Y O X P Y U F Z K V O

Lösung 13

E A T E Q J B S Z X M E L K I O Q E H
X U T U H O A U I C E F O E R D E R N
W O N F F O R B B Q N X T Z C W O S G
X T M D A U F R A E U M E N F O A Y Z
J J A J B K K G B B B V G O D O M L U
S Z A O G Y N A F X L B R F S K A S L
G A T B F K H Q L Z L D Z A K G G W A
U G P S K N R A S S E K Q J S U O A P
I A N I M R W W U R P I C C A U I Y L
I G C N R F X W N S S M Z H G A K M G
X N U C Q A A U B Z T E J V I B E L V
S I M N L O C X C S T E U Q F W S U X
O S F K E D V M I T T E I L E N S R V
Y N A Q A Z P V E T M K G L F D I A F
U W S L Y A T G S D W J V H E Y N W Z
K L S Q R A C U E M M N R G E N G Q I
J G E L K G Y Z N D A U I W R Y U K F
R C N F Q X U Q Q Z E Z V X P K E D O
W C D D P G R H F Q I V U V T N Z K X
K M A L P N E D N U T S M L C E X R K
V N C H M I P Z N S Q J J P Z S Q Z G
C K L A S S E N R A U M F L A S B E R
M U M U K N R Z Y T Y C V T R A O B H
D T E I L U N G S R A U M V I L W E S

Lösung 14

N K O M X Z F Y G V Y L I V Z U P M V
E C P Y R T O I Y Q O B H F M M R H J
T J Z L Y N I O K Q B Y K V W O O N H
F N E I D H W L T I G O S C G X G E E
A B W G X I W K S M E O O N N S R Z S
H C S H H Y I A Z Y O J Z A R B A U P
C M Q M I G B K I Z I R L C E R M I O
S K W E X E B S G K Z N A H R B M F R
N E R D S F M V I T Q N H H H A V U T
I C R E T H C I L H C S T I E R T S A
E Y Z J R I T J T V R W P L L M O O K
M B S B B E T R E U U N G F S B O Y T
E Y F W F Z Z Y F F V X X E N J N R I
G M R W Y B R Z P U J L Z G E F G Q V
S I Z I L Z I Z C I J G B R U U H S I
T Y O I S F W D P T M K K U A N U S T
I H H Q G G E H R F N F F P R X Q T A
E P S C L F B W O G X P H P T D E T E
B I L T T H W K G B J N W E R D C A T
R C S F F Y F Z R Z I N E N E S N F E
A L V C P E S Q A Z R D G X V J N J N
I T B F U P H S M X M A Q W F G H B O
N U C M P M G U M B W E G Y E R F L X
Z E L L S Z K K N M B E C M Z U X P V

Lösung 15

```
I B A H V Z W H F I I S O T M M X G M
Q C X N E L A I Z O S B W O G K V I G
L E R N S C H W I E R I G K E I T E N
G D A N D E R E N O S P K N X T B Q K
A A B H R X X B G T C P M V A T Q D K
H S J I Q U O P C B H Z X G C E P L G
B A V S J M H K K E W K P B H F W S Q
D E U V I F O G Q H I V U J Z H R N G
V T D S F E R R G Q E S Y L Y I X C H
M E I D X L T Q F X R C V O T Y I K I
Z T C Q P D C I K O I H R K Z U T N T
H B T B A G E B M T G S D G C D R V T
B D D X V R O U G S E U U S P U C E H
S Z G Q B I U O F Z M A Y D P S T I N
A N P A S S U N G S P R O B L E M E N
N Q B J W C W S G M L H G U P H A N H
J R B O V T V C S R E D N O S E B E S
G O O J N K H L C H M W F Z O N Q L Y
Y D S W H L F Z L O P T T X E C Z A J
T R S N K P L J S I N D D C H U R I C
X G G M Q Z W A T D X G X C F S E Z V
V S E O C A F L L D O J S Q N K O O R
U I U N Q E G W L G K W Q X K N Z S H
X F R L I K Z R P K R K Z Q S O U Y L
```

Lösung 16

```
N W Y T P U Q A K L K L M N E D M I J
E T I N E T K E J O R P F S Y Q L B F
I Z C H O Q B C L K T T K R S H J W G
L I Q U Q R Z B L T B N G I A L T X W
A J N Q A K V Q M A M D N P Z G Q S Y
I R K O O D F F H P P E U F J F E E U
R I S Y C U K O A L S R L H F M M N Q
E V U A U S T A U S C H K O G K X I Q
T J J S T I H P L M K J C R G Q M P Q
A G D R Q X G G S V G O I G O E C R G
M T D L Q Y U E T N N O W A G P L E Q
S H L G G P K G N E I M T N U W E T S
T C W E C R C X E J H R N I W E L M V
H I Q M V G U Q V Z C E E S P S U U S
C R W E R A X A E U A I R A Z N H J U
I R E I H D Y M S S E L E T N D C S M
R E T N Q C D Y S V T A T O G Y S N O
R T N S T D G B U Q M P I R M V P F H
E N H A L W J S L H A M E I Y A T O D
T U P M P R P V H G E I W S A P C T I
N H E E H R E J C P T D M C Y L S V S
U S V N B V E A S O F H L H U F F Z C
B E C X I E N M B F T R U E V E Q P T
H K C K C N Y Y A H U J V N G A Y C E
```

Lösung 17

```
C Q D D F A F D M Z T D F Y R G E N N
T A A C D N Y P W O N G F L L S L E E
G K Q F N Q I F G X I Q R W U U T N G
T P D U H N P N N F M U R M S T E O N
S E U X W V S E V V Y W J U S P R I U
V A V O O R L T P Z T B R O P N N T T
F Y W V P M F N L Y N F M R O E B A L
W U A D H E G E Y M E Q A P J T R T A
Z P R O B L E M F A E L L E N S I N T
N E G N U D L I B T R O F P X E E E S
C G E I O K B R K E C Z U H V F F M N
K T L U Q R Z E B H B Z Z U H L E U A
C L B K I T P P Q W C P O R O U N K R
T F H E V A P X X M M L H B Q H M O E
Q X F B T X L E W W S C K S H C M D V
Z E L E H R P L A E N E N T E S N R T
N F T N E T R H A F N E S S A L K E R
N E N E A L P R E D R E O F J U L L O
L V Y V X J F O N J Q D V H N U F E P
T Q V W H F M C B E F U Z H Q Y J U S
P I E X Y K N R I K H R E T M E A H A
S W F X H T T N H P U H R F O H Z C G
N L Y Y N W O U Q U H D J S N C E S I
S O L T N K X Z D A R C D Y W E B S D
```

Lösung 18

```
T Y U L L N Q T Z S D Z C C D N K H N
I W S G S P T M U Q R A G V G E L I V
E J K Q H T D A L B E Y L S E G A M F
B U N G K U X S T B C E J H S A S N T
R Y Z R K I D T H A X F T W E R S E I
A S F C E N P F T V C W R E L F E O E
S D Z U G M X Y P K B V T Z L S N Z K
G L E Z Q E X J B Q L K Y U S T S N G
N U U R B G C A V F I O U T C H C L I
U H T E U B A L Q L U A G M H C H T S
T Q W L J N L G F K R V I P A E U M O
L D G Q J C U N V E E R C W F R E A L
A E R P L A O A L N B H H I T L L A N
W L F Y Z K J E K W M Q O P L U E C I
R T M T V S U O P O J F Z H I H R J L
E O U T Z H C X L B K I Q O C C Z B P
V V U G C K G D V Z V D T L H S A U I
H L I S D M M I K X H W Y K E R H N Z
M Q H Z L L E S Z O F P V I O I L P S
I Z I O N L J Q G C Y V Z N K C V Z I
L V N K E H P C W M D O O U R I G X D
S F X Z H J L E E N G C R Q Z T O R L
C K X L Y A V Y P E S S N O R M E N M
F W U M F B Q A U Z J V E B B B X N V
```

Lösung 19

C A U S S E R H A L B W K G U P S J Q
O T Q I D N E G N U T A R E B G C U U
M R Z D O A R H W L Q D A U P P H N V
O F U W N B T M D O G C T H W F U P V
I R A V I A S T B E Y F Q S X U L W S
N E G N U T A R E B N R E T L E Z O P
X O B B F T F V P D T W R M Q B E Z C
S E L N D I S Z G U S V O M T H I Y W
U S G A L Y T S Q P Y G C A N B T W H
H S A X R S F Q U Z N K P R G L C J O
L F F J A H N M P B I C J S I S Z B E
I R K W X L H Z T Q Y P I F U A C S D
J O U G R O S S E O V L H H G Y D I N
H D O I X W P P N O V B X G O C Q H E
R A I C G V E L F A A V O P G X Z W A
Y Y P X Q D J E U S T E H E N G B Y W
Z U V O H X G A G M I N S N F V K L F
N E F D T Y Z M V D V A M H L P I F U
E B R H B P G U J N R E L E U H C S A
H M Q S A Y B F N Z F K V L Q W C U G
E Z P M U X G B H X T W E I N P G Z B
G R Y F D Z R V C I R B I U E B V I C
C Y Y H D D Y C J K W X Q U X L O A J
M Y O V C R E L G J G F X R E D O D E

Lösung 20

N R S C H U E L E R N F G T R Z B S G
R D A Q R Q Y B K I Z A S X S T L J R
E P F P G M O D V J I F I V I S R T X
T O S H A S Q F A B K I Z Q V C O A K
I K L Y V Z W K S D Y N H Y G H N M M
E B E G C O C A T L M M A J C U U F R
B W S Q F H C U L S V R U T Y L J A K
R P R R S O O G E A K J S J X S Y S O
A F N E S S D L A G H A M Q N E O C L
L Z R I H T Q U O N L Y E P G K O H L
A B P W K J H A I G R Z I V K R G U E
I V S I F L Y D A U E E S G D E Z L G
Z L F O S W K E P O S N T U Q T A L E
O X S D Y L M B N M Y F E L F A F E N
S R R K K T V H J Q B S R V E R T I P
L I M X E N U N N C C F R I P I Q T F
U B I R G I A S U J S Z C T V A H U E
H A N N G F G J Q D Q P Q U J T Z N M
C A Y U E Q O M U Q J Y L C V A G G J
S M E Z K T T S U Z A Q K C T C A B X
U J K U B Z Z D R I E R D O W V S O K
C Y Z Q P J Y R D Z E R E Y G C T Q K
G K K X V J Y Z E W D D H W O N I C L
G Y U B K Z K E O A K U B U F R C I C

Lösung 21

X H G E Z E J K M E A I J W P Q N H S
X P H P O Z K V U B F S Z N H C P X C
F T O N X E X U T R X Y C A J P A Q H
B A M I H J U Q T W L G N B M V E O U
M K D R O S A F K D Y N S V E K D T L
M Z X E U T F A R K R H E L X Z A A V
F I H R M W K U X G I V W K S B G E E
E L J H N O S R E P R H E L E P O Y R
V F Z E H C L E D F F K Q C Q H G D A
X J K L I U U N I U F G D C M V E A N
P R M S C H U L A U S F L U G B Q E S
H R S L V U Z G W P H J K W W N R U T
U E G R R P N N E S U A P L U H C S A
G V Q Y U R E T H U T C D Q W N U J L
S V F U T Z B Z E U R C X T T F P P T
U P Q X L T B J E R I Y T I G E D X U
O H V W E F G L O H R M K J H D V P N
U Z N M H F H N J J W I L B R G R C G
Y E X V R S F I L P H U C M Y I W P E
D I K X E B S Y G Z U C R H U S W P N
T E G G R J I G E O D B K W T M F N W
K G I A S Y N J Q T J O N T W Z R O R
Y J U L Z D C K V V P O L D E I T S M
G S C H U L F A H R T L F J F H L L P

Lösung 22

N O J P M R L D I J A A Y Q H X F R Y
E V L U B H V O M A L U W L X O E T M
T K M D N I R M U O K S L E U M T D W
I M Q S T Y K V U P W C O B Q O Y N A
E P D I W W L H N E C Y C E F E P U Z
K M Y N W I Q L E H Y X K N Z M R I D
G X P T S N X C R C Z M W S G K M M V
I A J E H H V V E I M X C S E K K B R
H T B R T P A F I L S K S I E T R S M
E D O E F T M A M N B O I T T M J B T
A J R S R Q N E R E E O E U V G M R I
F Q E S J Z D U O O R C L A G P D X F
E E W E W P K F F S A J T T W H P V L
E O Y N Y W E G N R T C E I T I D U N
O G Y A J S W Q I E E Z R O M G F H J
T Y L I U H N T Q P N I N N A M X I B
L E R N S C H W I E R I G K E I T E N
L E R N V O R A U S S E T Z U N G E N
K W C Q D B E Q Q Z F B H Y W O Y Y F
K I I Q S M B V A D E S N G J I G K P
N G N A F T O O C R N L H U U H U Z Q
X O D Y F W P P H N W D S G W C M H E
B V N Q N G G A E U C M V L P O N G W
S C U B B C D I G M E I X E R T Z X C

Lösung 23

```
R L U Q L P G X G D X D Y U M D C D H
E C L I Q W E U R R V S R R C S B R T
R P T D U I S Q D G O T Z U K T E E S
H G V K U Z Z I J F M H E N W U S A P
E L T E R N A B E N D B L N T T Y O G
L M B K T F E G U Z O V T K S F Z M N
S L U V I F R B Z R E D E N Z T L L S
G I N G X C H U S V D V R E N X B K H
N I T L E J O S V J S P N Z E S C E O
U G S U C P E G R U X R S N N C E J O
T P I H R G G A W P I U P E E E D D S
E W U N N Z Z T H U X E R R F O D O C
R I R B J X S O H S X F E E F A Y Q H
T V K U A R D X X P D U C F O P U Z U
R E S N Q Y W Y W Q F N H N B Z Q B L
E G U C I N E G A E F G T O H Y Q P P
V V A S I Y N S U F R E A K Y O W R R
J H U L M D M N J E O N G R F Q C G O
L P A N Z C A Q U B G R E E D H V H J
W A T O F Q C T U L S M O R H X M O E
O S S D D G S S D J Q E E H E L D J K
T Q B U Z Y Z V M V J I P E Z Q K A T
R T B E A L L M I B C X O L G V L D E
Y P C N M Z Z L C U I S Y P O D Z P Z
```

Lösung 24

```
N W B G H Z T J W F M Y V Y M O N H Q
I M D X D J W E K G J K V D G S P S U
Y N Q M U E B U N G S A U F G A B E N
K L A U S U R E N I R K B D E B I V H
P T R R E Y L M M O T K W H F O R X N
C B I H R Z V L H L T R A D S H P K E
J X U B J A S T A D S F K U C I S B T
S A C G O R T W M W C K D K I D N Z I
S I L H G Z S W V N L G O P M E Y A E
O W A Y A E E V U P T I T B T S H N B
A C E S Z T T A D T A Z G I Q B E Q R
G O O C C B N I C J T Z E G F T X G A
Q H C T J O R R C R X B W I I Y H F N
F W L O M U E H P X R K Q E N Q F W E
M A D H H B L K W A H G B C R S P D S
Q J C G T K G X S B W R L N C E E I S
W U I B M H P S D R A V L Q Q M N D A
O X W D L I U N Q S D P A F Q B U V L
Y I X E C L H C U K X S P I A U G E K
K W V Z H G J A P N L L F J D B P K N
Q A Q C U D H K R H X V P I X Z Y T P
M F S Q R O X Q M N A P V J L R V E E
R B E Q B P J V U F E W Y I M P B B L
A Y P W Y U J U W F L R W Y Z N D P T
```

Lösung 25

```
K O U K Y B M H G D F Z C V Z E N K D
W C B X A P S P D M E S P N Q E A A Q
I T I A P R I Z U S A E E W H N T E U
X J Y P W O S W N V P T L C E Q L I A
W M Y F N H U O O P E H S T S I Y G X
X W E J L D A K K P L I L E H M M Q O
G N U D N E J D M R T A L E U F I U Z
L W L U N Y R O U K H E N I Y M Q F G
T J A E Y E K N A N H L I V Y T W Z E
U K Z H G L F R I R P G U K C G U R B
W U R X A E P I S N R T C N E D D V G
A T H I K H R T E E H O S S E I B H A
P M Z M C Z O S R R F A E Q D S M Z P
G O B A W F M E R V G L L L B A S R U
S W F C F E S I F H L R U T Z H E I L
I W R G A N R F I S E F E W E G K I W
I P N B U X S T C Y N K X B W N F E C
F A E C H E R H E N M R R S E L B M H
X J X L C Q A X F N X Z O E G U S D M
Q J K J Z F I R X L K C Z Z V E Q T G
B Y U R T H X J A X X O W U A N P Z Q
Q R E O D C S G W V F D I Z K Y P A H
J K X G H F C H C P J C N R H P C C U
U C T W I G E F M P F G A M L Z R F W
```

Lösung 26

```
U V U V V E A Z R A C M S V U N B S V
N B U N J F Q Z J E L M I U F S O P A
D L P O D L X P K I A A R X J S U N Y
I F A P K D X B W R A R F A S W E F D
L P L Z N E J U T H E G R M P A B H D
K P U J D V O P J K U O Q A O D U G C
U W F S L K H D K A B R W V T S N U V
Q C A X M O C S K R P P T I P G G L L
O X X A N R G X A Y U L A F A S S E N
R Q Q E O T M R C E N U D Y L M H Y S
K S Z C U H Q C E D W H O L C R E O A
C K D Z Z A L O N U P C R J P D F U R
B H F Z U N C O P J X S F L P D T L U
V U J C D X Z G G V H E A H J F E N P
K P U V G L L K D X C E Q K W I G P O
F J A M O R X Y A D N W Y Y X L B Z R
T L Z H T Y R M Q E U W E R N U Z B P
E J F U T J N E Q H L Z Y D X Q R V J
L X X I C F A C H L I T E R A T U R G
B W G Y J S E F M C U F T T Q V W E Q
A W L K R V K N T J E B M E U S V B O
T G S H H B Z Q J U W U C H Y N U F M
Y O M R G J P G M M P G B E I U O J A
Z U L X X D V Q W I N M T P X T E F I
```

Lösung 27 Lösung 28 Lösung 29

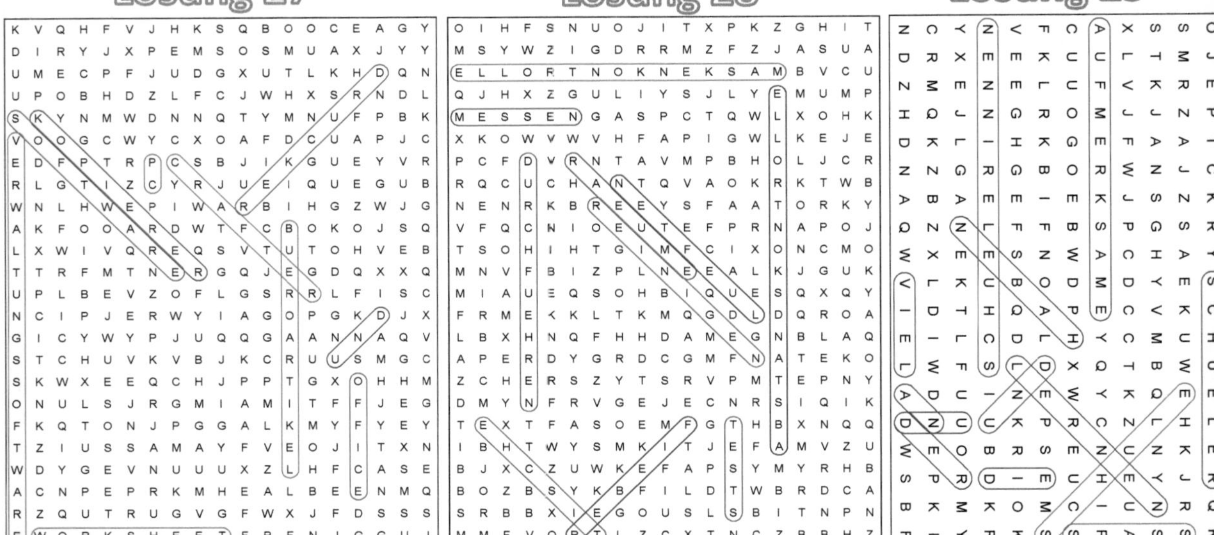

DAS

SCHULE

WORTSUCHRÄTSEL BUCH

W	W	G	C	L	X	L	U	P	N	V	N	Y	B	H	Y	C	W	Y
D	L	C	T	K	E	S	L	F	E	E	W	T	L	B	I	C	G	H
Z	T	Z	W	I	V	H	G	P	T	I	H	E	F	R	Y	Y	E	C
O	M	W	D	N	I	X	E	W	Z	W	H	C	N	E	N	R	H	S
I	B	I	Y	B	M	L	D	T	C	R	R	S	O	Y	H	K	E	I
B	I	Z	K	B	R	E	T	T	E	A	L	B	R	L	C	Z	N	T
E	Q	L	V	M	P	N	D	R	S	A	Y	W	B	N	H	P	X	V
X	Z	H	H	M	F	E	S	H	H	R	D	R	B	Z	E	Z	C	M
J	N	M	V	P	H	T	W	G	Q	B	O	X	F	X	M	E	G	V
H	I	U	G	C	A	S	W	F	E	E	U	Z	U	J	I	U	R	L
Y	D	F	S	J	P	A	Q	N	A	I	M	L	D	E	E	G	J	F
O	A	D	T	W	F	K	S	C	B	T	O	E	A	L	L	N	Y	O
G	M	N	Y	C	B	H	M	C	Y	S	V	N	Q	L	A	I	V	U
I	N	X	V	U	A	C	R	L	P	B	N	A	E	A	B	S	W	Z
K	J	F	W	G	K	S	Q	W	V	L	J	F	P	H	O	U	C	L
S	G	H	B	T	N	U	B	I	T	A	I	N	T	T	R	Z	E	W
D	M	P	Z	C	N	T	K	W	K	T	N	M	Q	R	M	B	F	N
G	A	Y	U	F	K	D	E	S	K	T	W	Z	K	O	G	Z	T	V
D	A	Y	O	N	M	L	A	E	Q	D	H	N	K	P	V	W	J	M
E	Y	J	Q	P	U	K	A	R	I	E	R	T	E	S	Q	V	R	L
L	C	Y	B	H	U	D	A	B	S	B	V	Q	L	T	N	T	U	M
P	Q	P	C	E	K	O	O	S	J	W	M	B	T	Q	C	M	T	N
V	S	S	H	I	D	D	K	A	H	Q	Z	I	M	Q	T	M	Q	O
G	J	Y	F	V	I	Y	S	W	M	O	R	Q	H	E	V	T	H	W

1

IN DIE SCHULE GEHEN
ARBEITSBLATT LOCHEN
KARIERTE BLAETTER
CHEMIELABOR
TUSCHKASTEN
SPORTHALLE
ZEUGNIS
LEHRER
TISCH
HEFT

Lösung

W	W	G	C	L	X	L	U	P	N	V	N	Y	B	H	Y	C	W	Y
D	L	C	T	K	E	S	L	F	E	E	W	T	L	B	I	C	G	H
Z	T	Z	W	I	V	H	G	P	T	I	H	E	F	R	Y	Y	E	C
O	M	W	D	N	I	X	E	W	Z	W	H	C	N	E	N	R	H	S
I	B	I	Y	B	M	L	D	T	C	R	R	S	O	Y	H	K	E	I
B	I	Z	K	B	R	E	T	T	E	A	L	B	R	L	C	Z	N	T
E	Q	L	V	M	P	N	D	R	S	A	Y	W	B	N	H	P	X	V
X	Z	H	H	M	F	E	S	H	H	R	D	R	B	Z	E	Z	C	M
J	N	M	V	P	H	T	W	G	Q	B	O	X	F	X	M	E	G	V
H	I	U	G	C	A	S	W	F	E	E	U	Z	U	J	I	U	R	L
Y	D	F	S	J	P	A	Q	N	A	I	M	L	D	E	E	G	J	F
O	A	D	T	W	F	K	S	C	B	T	O	E	A	L	L	N	Y	O
G	M	N	Y	C	B	H	M	C	Y	S	V	N	Q	L	A	I	V	U
I	N	X	V	U	A	C	R	L	P	B	N	A	E	A	B	S	W	Z
K	J	F	W	G	K	S	Q	W	V	L	J	F	P	H	O	U	C	L
S	G	H	B	T	N	U	B	I	T	A	I	N	T	T	R	Z	E	W
D	M	P	Z	C	N	T	K	W	K	T	N	M	Q	R	M	B	F	N
G	A	Y	U	F	K	D	E	S	K	T	W	Z	K	O	G	Z	T	V
D	A	Y	O	N	M	L	A	E	Q	D	H	N	K	P	V	W	J	M
E	Y	J	Q	P	U	K	A	R	I	E	R	T	E	S	Q	V	R	L
L	C	Y	B	H	U	D	A	B	S	B	V	Q	L	T	N	T	U	M
P	Q	P	C	E	K	O	O	S	J	W	M	B	T	Q	C	M	T	N
V	S	S	H	I	D	D	K	A	H	Q	Z	I	M	Q	T	M	Q	O
G	J	Y	F	V	I	Y	S	W	M	O	R	Q	H	E	V	T	H	W

O C C Y G W E J D P E K R D V E K D R
H A C J W L M E L W Y L N U M Y U P J
X F P X C H N B H W Z S E X Y H F Y F
J M G C D C W X W G C I O H G H A D C
B J P E W T J H M H N H Y P X T R E O
Y X N L V T L F R S T L Z R G W S U C
G I I V Z C P E K W W P T V P A Z T P
E K J X X L I A N S B S B N F J X S R
Z L D O H B G U M P Q V X N X U Z C J
O E J K E G R S D P Z X P Y E O U H Q
K B K N L O E T I A M H A E K T Y V O
F E N C Q T T E A C W T M D Y I N U H
S S T I E C F I S B U N T N U K E Y Z
Q T K Z P U E L U M P M C U S D F W I
A I U W N G H E N R D M X T N U I G Z
E F L H V A L N B X J D M S Q M K P I
J T K O L D L N N F O M U I L L P V R
L Y Q N H W E J P U F O W E J T F Q K
S G N O I R N B L W L E H R E R I N E
L U G H R R H Y I K P H T F Y C O R L
T H B N W Q C L R D S E T D T F V V O
L N U I J M S B N T R T W S E G T P Y
G X Q U G X N O R U X P O D H L Y W N
R E L L I K N E T N I T B W S T I V J

EINE EINS SCHREIBEN
SCHNELLHEFTER
TINTENKILLER
KLEBESTIFT
FREISTUNDE
AUSTEILEN
LEHRERIN
DEUTSCH
ZIRKEL
STUHL

Lösung

O	C	C	Y	G	W	E	J	D	P	E	K	R	D	V	E	K	D	R
H	A	C	J	W	L	M	E	L	W	Y	L	N	U	M	Y	U	P	J
X	F	P	X	C	H	N	B	H	W	Z	S	E	X	Y	H	F	Y	F
J	M	G	C	D	C	W	X	W	G	C	I	O	H	G	H	A	D	C
B	J	P	E	W	T	J	H	M	H	N	H	Y	P	X	T	R	E	O
Y	X	N	L	V	T	L	F	R	S	T	L	Z	R	G	W	S	U	C
G	I	I	V	Z	C	P	E	K	W	W	P	T	V	P	A	Z	T	P
E	K	J	X	X	L	I	A	N	S	B	S	B	N	F	J	X	S	R
Z	L	D	O	H	B	G	U	M	P	Q	V	X	N	X	U	Z	C	J
O	E	J	K	E	G	R	S	D	P	Z	X	P	Y	E	O	U	H	Q
K	B	K	N	L	O	E	T	I	A	M	H	A	E	K	T	Y	V	O
F	E	N	C	Q	T	T	E	A	C	W	T	M	D	Y	I	N	U	H
S	S	T	I	E	C	F	I	S	B	U	N	T	N	U	K	E	Y	Z
Q	T	K	Z	P	U	E	L	U	M	P	M	C	U	S	D	F	W	I
A	I	U	W	N	G	H	E	N	R	D	M	X	T	N	U	I	G	Z
E	F	L	H	V	A	L	N	B	X	J	D	M	S	Q	M	K	P	I
J	T	K	O	L	D	L	N	N	F	O	M	U	I	L	L	P	V	R
L	Y	Q	N	H	W	E	J	P	U	F	O	W	E	J	T	F	Q	K
S	G	N	O	I	R	N	B	L	W	L	E	H	R	E	R	I	N	E
L	U	G	H	R	R	H	Y	I	K	P	H	T	F	Y	C	O	R	L
T	H	B	N	W	Q	C	L	R	D	S	E	T	D	T	F	V	V	O
L	N	U	I	J	M	S	B	N	T	R	T	W	S	E	G	T	P	Y
G	X	Q	U	G	X	N	O	R	U	X	P	O	D	H	L	Y	W	N
R	E	L	L	I	K	N	E	T	N	I	T	B	W	S	T	I	V	J

R	Y	S	P	Z	F	A	R	S	U	L	O	M	U	N	N	U	K	R
X	L	N	W	O	U	D	A	J	G	J	L	U	W	L	F	P	C	Y
A	F	N	E	H	E	G	U	H	M	T	R	K	I	V	A	X	D	W
I	A	T	Z	F	J	H	S	C	U	S	X	S	E	T	M	Q	R	E
G	I	Z	S	G	M	E	T	E	L	M	W	G	L	H	G	Z	Z	T
I	Y	G	M	W	R	O	E	T	O	F	E	H	U	K	B	A	F	R
U	N	K	Z	Y	D	B	A	F	C	G	B	X	H	Q	Y	F	J	E
Q	I	T	P	C	Z	K	N	I	H	W	U	E	C	I	V	V	V	I
R	I	N	N	U	D	T	J	T	V	N	L	R	S	G	A	Y	J	N
O	N	E	Z	X	G	H	P	S	E	Y	B	O	D	A	H	D	N	I
G	S	B	T	Q	X	T	U	T	J	X	E	O	N	S	K	W	D	L
N	D	I	T	A	F	Z	U	N	T	U	X	B	U	B	X	V	X	G
U	A	E	L	C	M	U	S	U	Q	B	F	U	R	V	O	S	B	D
G	B	R	E	F	F	P	C	B	Y	T	E	S	G	S	Y	M	A	N
I	I	H	Z	Z	J	Q	H	C	S	A	H	F	S	N	S	D	R	A
L	D	C	Q	K	O	K	U	P	D	B	C	A	N	S	X	S	B	B
I	Y	S	P	X	P	D	E	J	A	U	I	H	S	C	N	P	E	E
E	M	Q	D	A	D	K	L	G	N	E	L	R	V	H	C	W	I	B
T	Q	K	M	C	V	D	E	I	Q	L	D	K	E	E	D	J	T	E
E	A	M	Y	G	X	Y	R	A	N	H	N	A	P	R	E	C	X	L
B	E	S	D	E	V	D	I	M	Z	F	E	R	P	E	S	H	S	K
N	Z	M	P	J	N	E	N	E	D	B	U	T	M	P	Y	B	X	N
G	Y	E	B	L	A	E	T	T	E	R	M	E	R	F	H	H	K	L
B	Y	P	L	G	J	R	K	P	W	L	J	M	O	L	P	A	S	E

MUENDLICHE BETEILIGUNG
LINIERTE BLAETTER
ARBEIT SCHREIBEN
BUSFAHRKARTE
GRUNDSCHULE
RAUS GEHEN
BUNTSTIFTE
SCHUELERIN
KLEBEBAND
SCHERE

Lösung

R	Y	S	P	Z	F	A	R	S	U	L	O	M	U	N	N	U	K	R
X	L	N	W	O	U	D	A	J	G	J	L	U	W	L	F	P	C	Y
A	F	N	E	H	E	G	U	H	M	T	R	K	I	V	A	X	D	W
I	A	T	Z	F	J	H	S	C	U	S	X	S	E	T	M	Q	R	E
G	I	Z	S	G	M	E	T	E	L	M	W	G	L	H	G	Z	Z	T
I	Y	G	M	W	R	O	E	T	O	F	E	H	U	K	B	A	F	R
U	N	K	Z	Y	D	B	A	F	C	G	B	X	H	Q	Y	F	J	E
Q	I	T	P	C	Z	K	N	I	H	W	U	E	C	I	V	V	V	I
R	I	N	N	U	D	T	J	T	V	N	L	R	S	G	A	Y	J	N
O	N	E	Z	X	G	H	P	S	E	Y	B	O	D	A	H	D	N	I
G	S	B	T	Q	X	T	U	T	J	X	E	O	N	S	K	W	D	L
N	D	I	T	A	F	Z	U	N	T	U	X	B	U	B	X	V	X	G
U	A	E	L	C	M	U	S	U	Q	B	F	U	R	V	O	S	B	D
G	B	R	E	F	F	P	C	B	Y	T	E	S	G	S	Y	M	A	N
I	I	H	Z	Z	J	Q	H	C	S	A	H	F	S	N	S	D	R	A
L	D	C	Q	K	O	K	U	P	D	B	C	A	N	S	X	S	B	B
I	Y	S	P	X	P	D	E	J	A	U	I	H	S	C	N	P	E	E
E	M	Q	D	A	D	K	L	G	N	E	L	R	V	H	C	W	I	B
T	Q	K	M	C	V	D	E	I	Q	L	D	K	E	E	D	J	T	E
E	A	M	Y	G	X	Y	R	A	N	H	N	A	P	R	E	C	X	L
B	E	S	D	E	V	D	I	M	Z	F	E	R	P	E	S	H	S	K
N	Z	M	P	J	N	E	N	E	D	B	U	T	M	P	Y	B	X	N
G	Y	E	B	L	A	E	T	T	E	R	M	E	R	F	H	H	K	L
B	Y	P	L	G	J	R	K	P	W	L	J	M	O	L	P	A	S	E

W	P	G	D	Z	N	Y	M	C	K	L	J	M	N	K	M	B	W	E
N	K	Y	X	Q	M	E	F	F	H	G	D	I	D	H	B	O	I	S
C	W	D	G	Y	M	G	S	C	H	U	L	T	A	B	L	E	T	M
Q	Q	B	A	M	N	E	K	Q	I	Y	F	W	O	H	O	R	S	I
E	Y	G	C	Y	E	R	Q	F	C	K	U	H	U	P	I	L	K	R
M	A	T	H	E	B	Z	M	C	T	Q	J	I	E	J	R	Y	F	K
Q	T	I	Z	E	A	O	Y	W	D	X	Z	T	I	R	P	V	E	K
D	C	T	O	W	G	R	J	W	F	B	J	E	L	W	O	N	T	J
M	I	A	T	D	F	E	Z	C	C	A	O	B	I	G	Y	U	N	X
Q	Z	Z	T	C	U	M	A	T	S	Y	Q	O	E	S	N	K	L	E
C	T	C	B	S	A	M	Z	O	S	R	G	A	B	E	Z	L	A	D
J	I	M	R	M	S	I	P	F	U	C	V	R	L	V	F	R	L	R
P	P	I	E	L	U	Z	Q	U	B	A	J	D	I	X	O	R	L	H
D	P	J	Z	W	A	N	M	J	O	G	N	W	N	U	V	X	X	Q
O	E	K	T	V	H	E	F	Y	L	V	X	N	G	D	W	H	B	E
O	X	B	I	O	V	S	M	M	G	R	Q	U	S	C	S	J	F	I
B	R	U	P	T	G	S	X	N	S	U	E	V	F	V	T	O	V	W
M	H	D	S	T	G	A	J	P	C	E	A	S	A	A	G	P	A	N
Y	K	Y	N	C	S	L	B	P	K	L	G	B	E	I	U	P	P	K
X	C	N	A	L	A	K	Z	V	X	F	Z	S	C	D	E	O	A	C
X	D	E	S	M	U	S	I	K	R	A	U	M	H	W	O	R	W	K
N	K	F	F	X	X	I	O	A	H	T	G	B	E	F	V	K	I	Q
S	M	L	S	F	S	V	N	K	C	E	S	V	R	U	I	E	H	A
H	U	V	H	W	R	X	J	P	N	O	S	L	I	J	B	Z	F	N

LIEBLINGSFAECHER
KLASSENZIMMER
HAUSAUFGABEN
SCHULTABLET
WHITEBOARD
ANSPITZER
MUSIKRAUM
GLOBUS
TIPPEX
MATHE

Lösung

W	P	G	D	Z	N	Y	M	C	K	L	J	M	N	K	M	B	W	E
N	K	Y	X	Q	M	E	F	F	H	G	D	I	D	H	B	O	I	S
C	W	D	G	Y	M	G	S	C	H	U	L	T	A	B	L	E	T	M
Q	Q	B	A	M	N	E	K	Q	I	Y	F	W	O	H	O	R	S	I
E	Y	G	C	Y	E	R	Q	F	C	K	U	H	U	P	I	L	K	R
M	A	T	H	E	B	Z	M	C	T	Q	J	I	E	J	R	Y	F	K
Q	T	I	Z	E	A	O	Y	W	D	X	Z	T	I	R	P	V	E	K
D	C	T	O	W	G	R	J	W	F	B	J	E	L	W	O	N	T	J
M	I	A	T	D	F	E	Z	C	C	A	O	B	I	G	Y	U	N	X
Q	Z	Z	T	C	U	M	A	T	S	Y	Q	O	E	S	N	K	L	E
C	T	C	B	S	A	M	Z	O	S	R	G	A	B	E	Z	L	A	D
J	I	M	R	M	S	I	P	F	U	C	V	R	L	V	F	R	L	R
P	P	I	E	L	U	Z	Q	U	B	A	J	D	I	X	O	R	L	H
D	P	J	Z	W	A	N	M	J	O	G	N	W	N	U	V	X	X	Q
O	E	K	T	V	H	E	F	Y	L	V	X	N	G	D	W	H	B	E
O	X	B	I	O	V	S	M	M	G	R	Q	U	S	C	S	J	F	I
B	R	U	P	T	G	S	X	N	S	U	E	V	F	V	T	O	V	W
M	H	D	S	T	G	A	J	P	C	E	A	S	A	A	G	P	A	N
Y	K	Y	N	C	S	L	B	P	K	L	G	B	E	I	U	P	P	K
X	C	N	A	L	A	K	Z	V	X	F	Z	S	C	D	E	O	A	C
X	D	E	S	M	U	S	I	K	R	A	U	M	H	W	O	R	W	K
N	K	F	F	X	X	I	O	A	H	T	G	B	E	F	V	K	I	Q
S	M	L	S	F	S	V	N	K	C	E	S	V	R	U	I	E	H	A
H	U	V	H	W	R	X	J	P	N	O	S	L	I	J	B	Z	F	N

R	I	Q	F	B	V	R	I	P	E	Q	X	S	C	T	O	J	O	K
N	K	Q	T	P	X	J	N	Z	Q	H	W	X	D	L	I	B	Q	P
L	H	T	K	G	G	F	K	T	U	N	D	B	G	B	U	F	Q	S
N	S	O	R	Q	K	N	W	P	N	L	M	S	U	B	R	O	V	C
C	Y	Y	B	N	E	S	D	A	G	L	Y	E	T	F	U	O	D	X
E	T	U	T	N	W	W	P	J	R	Q	X	F	F	Y	R	G	P	D
B	Z	V	V	Y	N	U	S	B	S	X	B	T	Y	L	U	T	H	G
H	Z	D	Y	Y	R	E	A	W	S	A	H	I	E	H	M	D	A	A
A	A	E	C	G	W	V	S	G	K	F	Z	S	F	C	M	H	V	E
N	H	D	N	N	V	E	S	E	A	N	E	H	W	B	X	L	N	H
P	U	U	W	E	X	M	H	G	O	N	V	G	Z	C	I	I	C	N
K	C	E	I	E	R	D	O	E	G	L	J	J	Y	U	T	Z	E	H
Q	F	A	S	N	X	E	Y	W	Q	F	M	D	F	N	S	B	O	X
V	X	B	V	U	O	M	Z	H	A	G	U	X	A	K	A	I	S	D
E	T	E	T	O	F	B	U	H	H	T	A	K	L	G	Q	O	D	F
Q	O	G	C	M	W	M	R	S	Q	D	L	Y	F	D	I	B	C	J
H	F	L	A	P	J	E	N	Z	I	U	L	U	J	K	Q	N	T	F
Z	P	U	S	I	N	I	Y	C	H	K	A	W	N	T	I	J	P	F
V	V	H	N	Z	R	U	V	C	U	F	F	E	I	T	N	P	E	M
Z	D	C	E	Y	A	Y	S	C	U	F	L	N	X	O	Q	R	X	B
R	H	S	M	L	L	P	N	F	X	A	T	E	A	I	T	Z	T	X
D	Q	K	X	U	B	W	J	D	M	E	T	A	R	D	E	A	S	W
T	V	Z	G	Z	I	P	N	J	I	P	V	K	D	P	U	A	Y	Y
Y	Q	I	E	P	Y	D	Y	M	J	N	R	G	S	T	Q	L	T	U

AUFGABEN LOESEN
TEXT VORLESEN
SCHULGEBAEUDE
SCHULKANTINE
GEODREIECK

BILD MALEN
BUS FAHREN
MUSIK
TINTE
MENSA

Lösung

R	I	Q	F	B	V	R	I	P	E	Q	X	S	C	T	O	J	O	K
N	K	Q	T	P	X	J	N	Z	Q	H	W	X	D	L	I	B	Q	P
L	H	T	K	G	G	F	K	T	U	N	D	B	G	B	U	F	Q	S
N	S	O	R	Q	K	N	W	P	N	L	M	S	U	B	R	O	V	C
C	Y	Y	B	N	E	S	D	A	G	L	Y	E	T	F	U	O	D	X
E	T	U	T	N	W	W	P	J	R	Q	X	F	F	Y	R	G	P	D
B	Z	V	V	Y	N	U	S	B	S	X	B	T	Y	L	U	T	H	G
H	Z	D	Y	Y	R	E	A	W	S	A	H	I	E	H	M	D	A	A
A	A	E	C	G	W	V	S	G	K	F	Z	S	F	C	M	H	V	E
N	H	D	N	N	V	E	S	E	A	N	E	H	W	B	X	L	N	H
P	U	U	W	E	X	M	H	G	O	N	V	G	Z	C	I	I	C	N
K	C	E	I	E	R	D	O	E	G	L	J	J	Y	U	T	Z	E	H
Q	F	A	S	N	X	E	Y	W	Q	F	M	D	F	N	S	B	O	X
V	X	B	V	U	O	M	Z	H	A	G	U	X	A	K	A	I	S	D
E	T	E	T	O	F	B	U	H	H	T	A	K	L	G	Q	O	D	F
Q	O	G	C	M	W	M	R	S	Q	D	L	Y	F	D	I	B	C	J
H	F	L	A	P	J	E	N	Z	I	U	L	U	J	K	Q	N	T	F
Z	P	U	S	I	N	I	Y	C	H	K	A	W	N	T	I	J	P	F
V	V	H	N	Z	R	U	V	C	U	F	F	E	I	T	N	P	E	M
Z	D	C	E	Y	A	Y	S	C	U	F	L	N	X	O	Q	R	X	B
R	H	S	M	L	L	P	N	F	X	A	T	E	A	I	T	Z	T	X
D	Q	K	X	U	B	W	J	D	M	E	T	A	R	D	E	A	S	W
T	V	Z	G	Z	I	P	N	J	I	P	V	K	D	P	U	A	Y	Y
Y	Q	I	E	P	Y	D	Y	M	J	N	R	G	S	T	Q	L	T	U

N	J	V	X	F	T	E	S	S	E	N	S	B	O	X	B	E	F	N
W	W	N	F	P	E	T	Y	Q	W	T	M	G	V	B	G	K	E	C
T	W	O	E	T	T	J	W	J	N	Y	H	N	H	I	F	B	X	H
K	A	T	F	T	S	V	O	R	S	U	L	R	U	S	I	D	X	A
C	R	J	Z	R	O	E	R	P	S	E	D	N	Q	E	S	W	C	P
O	A	K	I	L	J	N	T	O	B	J	Q	M	R	O	B	Q	F	X
M	H	J	X	M	M	J	L	A	X	O	R	H	L	G	O	H	M	Q
D	N	T	K	T	L	H	K	U	O	O	C	X	V	L	Q	V	R	T
Y	Y	G	K	R	L	O	M	M	H	S	T	E	R	F	Q	E	E	S
Y	I	X	X	A	V	V	C	A	B	C	P	N	J	G	Z	X	Y	C
K	E	H	T	O	I	L	B	I	B	U	S	I	I	D	W	Z	H	H
E	L	E	I	P	S	D	N	E	G	U	J	S	E	D	N	U	B	U
G	V	W	W	A	B	D	E	I	R	F	N	E	R	E	O	T	S	L
B	Q	W	M	J	E	Y	J	C	Z	V	V	T	A	Q	T	E	S	S
S	U	Q	T	N	B	Z	S	R	R	M	C	N	C	L	U	S	T	C
S	C	T	N	H	A	X	Q	Z	K	Q	H	G	Z	T	U	A	W	H
O	B	Q	K	X	U	V	L	D	K	Z	J	C	C	X	J	F	T	L
M	F	Z	X	T	F	M	C	R	O	G	C	V	A	O	I	I	U	U
B	J	M	A	X	P	Y	O	Z	G	F	Y	J	G	F	D	L	Y	S
A	N	F	V	X	S	U	I	B	N	P	O	D	U	M	A	M	R	S
D	E	G	T	A	X	W	G	L	T	I	C	I	U	L	Y	O	M	T
L	U	J	C	O	X	K	X	P	B	K	F	J	F	K	M	Z	V	Q
K	K	L	S	V	O	I	A	M	Y	C	V	B	K	K	I	S	T	F
Y	O	W	A	V	R	H	J	U	T	F	P	Z	L	D	L	U	H	H

BUNDESJUGENDSPIELE
SCHULNOTEN
TEST SCHREIBEN
STOERENFRIED
SCHULSCHLUSS

BIBLIOTHEK
ESSENSBOX
TESAFILM
VOKABELN
TAFEL

Lösung

N	J	V	X	F	T	E	S	S	E	N	S	B	O	X	B	E	F	N
W	W	N	F	P	E	T	Y	Q	W	T	M	G	V	B	G	K	E	C
T	W	O	E	T	T	J	W	J	N	Y	H	N	H	I	F	B	X	H
K	A	T	F	T	S	V	O	R	S	U	L	R	U	S	I	D	X	A
C	R	J	Z	R	O	E	R	P	S	E	D	N	Q	E	S	W	C	P
O	A	K	I	L	J	N	T	O	B	J	Q	M	R	O	B	Q	F	X
M	H	J	X	M	M	J	L	A	X	O	R	H	L	G	O	H	M	Q
D	N	T	K	T	L	H	K	U	O	O	C	X	V	L	Q	V	R	T
Y	Y	G	K	R	L	O	M	M	H	S	T	E	R	F	Q	E	E	S
Y	I	X	X	A	V	V	C	A	B	C	P	N	J	G	Z	X	Y	C
K	E	H	T	O	I	L	B	I	B	U	S	I	I	D	W	Z	H	H
E	L	E	I	P	S	D	N	E	G	U	J	S	E	D	N	U	B	U
G	V	W	W	A	B	D	E	I	R	F	N	E	R	E	O	T	S	L
B	Q	W	M	J	E	Y	J	C	Z	V	V	T	A	Q	T	E	S	S
S	U	Q	T	N	B	Z	S	R	R	M	C	N	C	L	U	S	T	C
S	C	T	N	H	A	X	Q	Z	K	Q	H	G	Z	T	U	A	W	H
O	B	Q	K	X	U	V	L	D	K	Z	J	C	C	X	J	F	T	L
M	F	Z	X	T	F	M	C	R	O	G	C	V	A	O	I	I	U	U
B	J	M	A	X	P	Y	O	Z	G	F	Y	J	G	F	D	L	Y	S
A	N	F	V	X	S	U	I	B	N	P	O	D	U	M	A	M	R	S
D	E	G	T	A	X	W	G	L	T	I	C	I	U	L	Y	O	M	T
L	U	J	C	O	X	K	X	P	B	K	F	J	F	K	M	Z	V	Q
K	K	L	S	V	O	I	A	M	Y	C	V	B	K	K	I	S	T	F
Y	O	W	A	V	R	H	J	U	T	F	P	Z	L	D	L	U	H	H

G	P	H	T	A	F	E	L	S	C	H	W	A	M	M	O	K	E	W
E	G	M	K	R	E	I	D	E	U	D	T	O	U	A	B	L	T	R
W	H	P	G	M	G	M	J	L	H	O	K	W	I	E	E	M	S	W
P	N	E	D	R	B	F	D	F	O	T	L	K	I	J	R	I	T	N
E	P	C	I	E	Z	R	A	W	H	C	S	Q	P	X	S	T	J	T
Q	H	W	Q	N	H	C	A	Q	P	U	I	I	Y	R	C	N	K	E
S	U	C	B	N	H	L	Z	A	P	N	H	Y	E	U	H	E	L	W
D	R	N	S	U	E	E	X	P	A	C	K	E	N	B	U	H	L	J
J	S	A	L	A	V	S	F	T	W	F	D	E	H	I	L	M	W	U
M	C	K	D	E	T	O	S	T	B	B	S	F	P	G	E	E	K	X
N	N	Z	N	C	T	L	F	E	E	C	R	G	E	T	L	N	Y	U
E	O	P	R	V	R	S	U	R	X	N	Y	E	Z	K	G	C	P	I
B	S	T	E	W	B	M	A	H	S	E	V	D	T	D	O	E	H	H
I	J	H	K	S	S	B	X	B	C	D	M	Y	K	T	H	E	W	U
E	I	J	N	C	A	A	W	E	E	S	Y	N	U	U	F	N	K	U
R	Y	Z	P	P	O	A	A	H	F	V	B	V	F	F	S	G	Q	Z
H	R	Z	C	Z	T	A	S	F	U	A	R	I	G	F	K	L	Y	J
C	V	C	Z	B	S	P	G	Y	U	U	L	M	H	A	O	I	W	J
S	B	A	Z	Y	I	V	S	X	L	G	Y	M	K	C	D	S	N	C
Q	I	X	P	V	B	Y	X	B	N	J	V	E	J	G	R	C	T	Y
C	L	J	E	Q	W	A	R	H	P	W	U	S	R	V	R	H	V	D
Z	L	A	L	W	Y	M	B	C	D	Y	M	U	G	Z	X	N	M	M
G	F	H	Z	F	I	F	U	A	Y	U	H	L	P	W	A	N	K	W
S	C	X	V	S	Q	C	A	Y	L	U	I	C	O	I	L	R	X	X

SCHULTASCHE PACKEN
AUFSATZ SCHREIBEN
ESSEN MITNEHMEN
SCHWARZE BRETT
TAFELSCHWAMM

OBERSCHULE
EINHEFTEN
ENGLISCH
BASTELN
KREIDE

Lösung

G	P	H	T	A	F	E	L	S	C	H	W	A	M	M	O	K	E	W
E	G	M	K	R	E	I	D	E	U	D	T	O	U	A	B	L	T	R
W	H	P	G	M	G	M	J	L	H	O	K	W	I	E	E	M	S	W
P	N	E	D	R	B	F	D	F	O	T	L	K	I	J	R	I	T	N
E	P	C	I	E	Z	R	A	W	H	C	S	Q	P	X	S	T	J	T
Q	H	W	Q	N	H	C	A	Q	P	U	I	I	Y	R	C	N	K	E
S	U	C	B	N	H	L	Z	A	P	N	H	Y	E	U	H	E	L	W
D	R	N	S	U	E	E	X	P	A	C	K	E	N	B	U	H	L	J
J	S	A	L	A	V	S	F	T	W	F	D	E	H	I	L	M	W	U
M	C	K	D	E	T	O	S	T	B	B	S	F	P	G	E	E	K	X
N	N	Z	N	C	T	L	F	E	E	C	R	G	E	T	L	N	Y	U
E	O	P	R	V	R	S	U	R	X	N	Y	E	Z	K	G	C	P	I
B	S	T	E	W	B	M	A	H	S	E	V	D	T	D	O	E	H	H
I	J	H	K	S	S	B	X	B	C	D	M	Y	K	T	H	E	W	U
E	I	J	N	C	A	A	W	E	E	S	Y	N	U	U	F	N	K	U
R	Y	Z	P	P	O	A	A	H	F	V	B	V	F	F	S	G	Q	Z
H	R	Z	C	Z	T	A	S	F	U	A	R	I	G	F	K	L	Y	J
C	V	C	Z	B	S	P	G	Y	U	U	L	M	H	A	O	I	W	J
S	B	A	Z	Y	I	V	S	X	L	G	Y	M	K	C	D	S	N	C
Q	I	X	P	V	B	Y	X	B	N	J	V	E	J	G	R	C	T	Y
C	L	J	E	Q	W	A	R	H	P	W	U	S	R	V	R	H	V	D
Z	L	A	L	W	Y	M	B	C	D	Y	M	U	G	Z	X	N	M	M
G	F	H	Z	F	I	F	U	A	Y	U	H	L	P	W	A	N	K	W
S	C	X	V	S	Q	C	A	Y	L	U	I	C	O	I	L	R	X	X

Z	V	I	W	F	B	U	C	J	D	N	E	S	E	W	N	A	D	T
T	A	I	R	A	T	E	R	K	E	S	L	U	H	C	S	V	G	H
N	U	I	D	H	Q	F	E	D	E	R	T	A	S	C	H	E	J	K
T	A	S	C	H	E	N	R	E	C	H	N	E	R	D	N	S	I	Q
N	O	B	P	Y	M	Z	M	L	O	S	W	S	D	F	C	U	C	N
C	A	D	U	O	W	R	E	Z	H	A	B	D	F	H	Z	T	Y	F
D	Q	D	I	E	O	M	L	I	J	A	U	A	U	B	T	W	R	W
H	J	X	T	K	R	C	P	K	P	E	B	L	D	I	Y	K	X	W
C	T	T	R	M	F	N	E	B	B	E	F	E	A	T	R	X	S	L
X	G	W	H	R	Y	N	H	U	F	E	N	G	N	A	G	X	O	E
H	Q	J	P	O	H	B	N	O	S	U	J	F	N	Z	Z	N	O	F
I	A	A	E	L	L	G	E	T	C	N	F	K	Z	H	V	M	O	T
F	R	P	L	A	S	Z	Y	G	L	T	M	J	U	Z	R	H	O	Y
T	I	R	K	H	D	E	M	L	Y	E	B	F	S	B	L	K	L	O
S	Y	L	E	W	B	X	W	M	L	R	X	N	T	U	Q	G	L	O
X	N	F	Z	U	A	K	N	D	D	R	C	M	H	P	Y	W	N	A
J	T	Y	R	S	I	M	U	D	A	I	G	C	U	G	M	V	Z	U
H	J	E	G	W	T	N	E	O	V	C	S	D	Z	Q	K	C	I	O
G	R	W	K	W	G	I	V	V	Z	H	Q	H	W	F	N	N	G	E
C	G	A	Q	K	C	M	F	J	W	T	Q	W	K	S	L	B	E	N
P	D	L	K	X	A	I	V	T	B	N	S	I	I	X	N	Y	M	G
G	E	O	V	G	U	P	C	H	E	M	G	D	K	M	B	P	I	Z
G	X	R	C	F	C	D	H	A	N	B	Y	S	Z	Z	F	B	F	K
I	T	A	J	V	Z	B	L	C	U	T	C	B	K	P	F	U	U	T

SCHULSEKRETARIAT
UNTERRICHT HABEN
TASCHENRECHNER
ANWESEND SEIN
KRANKMELDUNG

FEDERTASCHE
UEBUNGSHEFT
FILZSTIFTE
SCHULFEST
SCHULHOF

Lösung

Z	V	I	W	F	B	U	C	J	D	N	E	S	E	W	N	A	D	T
T	A	I	R	A	T	E	R	K	E	S	L	U	H	C	S	V	G	H
N	U	I	D	H	Q	F	E	D	E	R	T	A	S	C	H	E	J	K
T	A	S	C	H	E	N	R	E	C	H	N	E	R	D	N	S	I	Q
N	O	B	P	Y	M	Z	M	L	O	S	W	S	D	F	C	U	C	N
C	A	D	U	O	W	R	E	Z	H	A	B	D	F	H	Z	T	Y	F
D	Q	D	I	E	O	M	L	I	J	A	U	A	U	B	T	W	R	W
H	J	X	T	K	R	C	P	K	P	E	B	L	D	I	Y	K	X	W
C	T	T	R	M	F	N	E	B	B	E	F	E	A	T	R	X	S	L
X	G	W	H	R	Y	N	H	U	F	E	N	G	N	A	G	X	O	E
H	Q	J	P	O	H	B	N	O	S	U	J	F	N	Z	Z	N	O	F
I	A	A	E	L	L	G	E	T	C	N	F	K	Z	H	V	M	O	T
F	R	P	L	A	S	Z	Y	G	L	T	M	J	U	Z	R	H	O	Y
T	I	R	K	H	D	E	M	L	Y	E	B	F	S	B	L	K	L	O
S	Y	L	E	W	B	X	W	M	L	R	X	N	T	U	Q	G	L	O
X	N	F	Z	U	A	K	N	D	D	R	C	M	H	P	Y	W	N	A
J	T	Y	R	S	I	M	U	D	A	I	G	C	U	G	M	V	Z	U
H	J	E	G	W	T	N	E	O	V	C	S	D	Z	Q	K	C	I	O
G	R	W	K	W	G	I	V	V	Z	H	Q	H	W	F	N	N	G	E
C	G	A	Q	K	C	M	F	J	W	T	Q	W	K	S	L	B	E	N
P	D	L	K	X	A	I	V	T	B	N	S	I	I	X	N	Y	M	G
G	E	O	V	G	U	P	C	H	E	M	G	D	K	M	B	P	I	Z
G	X	R	C	F	C	D	H	A	N	B	Y	S	Z	Z	F	B	F	K
I	T	A	J	V	Z	B	L	C	U	T	C	B	K	P	F	U	U	T

Q	H	V	L	P	C	L	A	T	R	R	R	Z	K	E	B	E	R	L
P	A	U	S	E	N	B	R	O	T	F	V	R	E	O	H	B	I	C
O	Q	J	B	R	I	E	F	P	L	R	N	K	U	S	L	Q	V	Y
S	D	Z	G	N	N	I	R	O	T	K	E	R	I	D	A	D	B	A
I	H	M	L	Z	T	B	I	Z	W	X	H	E	N	W	F	L	X	N
X	D	G	C	A	C	T	N	X	M	L	Y	L	C	H	D	C	G	U
S	A	C	B	V	Z	H	E	F	U	E	L	L	E	R	G	H	M	J
U	O	J	A	M	A	Y	D	E	V	L	Z	X	O	V	B	Y	O	Y
K	J	V	Q	A	M	F	I	I	G	X	C	Y	F	U	X	O	U	M
T	E	G	U	K	W	I	E	S	V	P	K	I	D	A	I	F	I	G
C	L	E	T	T	E	Z	N	S	U	F	F	O	I	C	J	U	O	Q
R	E	W	E	E	J	T	H	M	C	G	S	R	S	K	A	A	S	C
I	K	B	H	T	Z	H	C	Z	F	H	E	L	T	F	Z	V	K	E
J	Q	B	V	U	R	G	S	P	U	T	U	S	O	S	G	Y	D	D
G	S	G	B	N	H	A	P	Z	E	R	Y	L	W	Y	J	P	Y	I
A	Z	F	X	B	O	E	K	F	Q	B	K	X	E	A	U	C	I	V
R	H	T	V	D	N	I	A	D	F	G	E	B	R	Y	E	C	H	W
S	U	S	O	O	D	C	S	H	N	D	G	X	I	F	K	J	C	G
T	D	M	R	A	O	T	O	R	D	A	O	R	C	Q	A	U	U	G
T	F	O	T	G	M	A	A	F	U	C	L	Z	X	W	Q	M	U	C
L	U	H	P	E	M	H	B	H	L	K	U	K	O	F	W	R	O	D
P	U	M	K	H	U	B	K	A	F	I	X	G	H	F	B	X	H	C
W	Q	G	R	E	F	R	E	U	A	L	B	E	J	Q	L	U	Z	Y
Y	X	V	J	N	Q	L	N	L	B	M	M	I	I	M	D	B	Q	G

ZUR SCHULE GEHEN
BLAUER BRIEF
PAUSENBROT
DIREKTORIN
CAFETERIA
EXKURSION
LANDKARTE
SCHNEIDEN
FUELLER
ZETTEL

Lösung

Q	H	V	L	P	C	L	A	T	R	R	R	Z	K	E	B	E	R	L
P	A	U	S	E	N	B	R	O	T	F	V	R	E	O	H	B	I	C
O	Q	J	B	R	I	E	F	P	L	R	N	K	U	S	L	Q	V	Y
S	D	Z	G	N	N	I	R	O	T	K	E	R	I	D	A	D	B	A
I	H	M	L	Z	T	B	I	Z	W	X	H	E	N	W	F	L	X	N
X	D	G	C	A	C	T	N	X	M	L	Y	L	C	H	D	C	G	U
S	A	C	B	V	Z	H	E	F	U	E	L	L	E	R	G	H	M	J
U	O	J	A	M	A	Y	D	E	V	L	Z	X	O	V	B	Y	O	Y
K	J	V	Q	A	M	F	I	I	G	X	C	Y	F	U	X	O	U	M
T	E	G	U	K	W	I	E	S	V	P	K	I	D	A	I	F	I	G
C	L	E	T	T	E	Z	N	S	U	F	F	O	I	C	J	U	O	Q
R	E	W	E	E	J	T	H	M	C	G	S	R	S	K	A	A	S	C
I	K	B	H	T	Z	H	C	Z	F	H	E	L	T	F	Z	V	K	E
J	Q	B	V	U	R	G	S	P	U	T	U	S	O	S	G	Y	D	D
G	S	G	B	N	H	A	P	Z	E	R	Y	L	W	Y	J	P	Y	I
A	Z	F	X	B	O	E	K	F	Q	B	K	X	E	A	U	C	I	V
R	H	T	V	D	N	I	A	D	F	G	E	B	R	Y	E	C	H	W
S	U	S	O	O	D	C	S	H	N	D	G	X	I	F	K	J	C	G
T	D	M	R	A	O	T	O	R	D	A	O	R	C	Q	A	U	U	G
T	F	O	T	G	M	A	A	F	U	C	L	Z	X	W	Q	M	U	C
L	U	H	P	E	M	H	B	H	L	K	U	K	O	F	W	R	O	D
P	U	M	K	H	U	B	K	A	F	I	X	G	H	F	B	X	H	C
W	Q	G	R	E	F	R	E	U	A	L	B	E	J	Q	L	U	Z	Y
Y	X	V	J	N	Q	L	N	L	B	M	M	I	I	M	D	B	Q	G

F	M	C	L	L	H	Y	S	G	G	Q	E	C	E	P	N	Q	Q	U
U	L	K	O	M	M	E	N	X	K	F	N	N	A	Q	S	X	P	R
N	X	A	E	L	R	A	D	I	E	R	G	U	M	M	I	E	X	L
X	L	E	I	N	P	O	Q	S	N	S	D	L	Y	L	O	S	I	U
Z	H	A	D	V	J	E	Z	A	X	W	V	P	Y	F	V	B	V	N
A	Q	F	E	X	L	E	Y	X	M	Z	T	I	M	I	G	X	B	Y
T	E	E	Z	N	C	B	L	W	D	B	T	N	S	E	O	N	X	T
S	Z	Y	D	G	I	T	Y	Y	B	H	J	E	W	T	S	L	Z	F
L	V	T	A	F	E	L	N	N	A	C	Z	K	E	K	K	L	N	W
M	K	X	Z	D	I	U	J	W	L	V	A	S	S	T	B	D	R	Q
S	S	U	L	H	C	S	B	A	L	U	H	C	S	A	R	N	E	L
R	E	T	L	W	G	C	Q	J	Z	R	X	W	O	X	O	E	I	W
U	M	G	U	Y	A	K	V	Q	K	X	K	S	F	T	T	S	P	L
Z	F	X	R	Q	Y	I	T	V	S	Z	B	K	P	P	D	E	A	C
G	E	W	E	S	U	A	H	H	C	A	N	J	N	P	O	W	P	H
V	X	W	J	I	O	U	T	V	F	W	K	H	L	U	S	B	I	R
V	C	V	S	L	C	U	N	Z	K	Z	N	Z	D	S	E	A	G	J
L	C	A	V	G	C	R	N	O	P	M	N	S	S	L	Y	I	Y	C
G	G	B	S	I	B	P	X	G	R	G	R	E	K	C	A	T	P	I
D	O	C	R	J	N	Y	S	C	Y	Q	V	L	X	G	H	M	O	F
T	D	T	H	Z	N	M	T	C	O	N	J	P	P	S	A	C	O	S
R	L	P	D	N	E	B	A	N	R	E	T	L	E	W	U	R	V	T
I	B	I	B	B	K	G	U	Y	C	C	H	M	N	T	S	O	P	L
R	V	D	N	G	G	W	M	B	O	R	X	K	N	A	T	I	I	H

AN DIE TAFEL KOMMEN
SCHULABSCHLUSS
ABWESEND SEIN
NACHHAUSEWEG
RADIERGUMMI

ELTERNABEND
BROTDOSE
PAPIER
LINEAL
TACKER

Lösung

F	M	C	L	L	H	Y	S	G	G	Q	E	C	E	P	N	Q	Q	U
U	L	K	O	M	M	E	N	X	K	F	N	N	A	Q	S	X	P	R
N	X	A	E	L	R	A	D	I	E	R	G	U	M	M	I	E	X	L
X	L	E	I	N	P	O	Q	S	N	S	D	L	Y	L	O	S	I	U
Z	H	A	D	V	J	E	Z	A	X	W	V	P	Y	F	V	B	V	N
A	Q	F	E	X	L	E	Y	X	M	Z	T	I	M	I	G	X	B	Y
T	E	E	Z	N	C	B	L	W	D	B	T	N	S	E	O	N	X	T
S	Z	Y	D	G	I	T	Y	Y	B	H	J	E	W	T	S	L	Z	F
L	V	T	A	F	E	L	N	N	A	C	Z	K	E	K	K	L	N	W
M	K	X	Z	D	I	U	J	W	L	V	A	S	S	T	B	D	R	Q
S	S	U	L	H	C	S	B	A	L	U	H	C	S	A	R	N	E	L
R	E	T	L	W	G	C	Q	J	Z	R	X	W	O	X	O	E	I	W
U	M	G	U	Y	A	K	V	Q	K	X	K	S	F	T	T	S	P	L
Z	F	X	R	Q	Y	I	T	V	S	Z	B	K	P	P	D	E	A	C
G	E	W	E	S	U	A	H	H	C	A	N	J	N	P	O	W	P	H
V	X	W	J	I	O	U	T	V	F	W	K	H	L	U	S	B	I	R
V	C	V	S	L	C	U	N	Z	K	Z	N	Z	D	S	E	A	G	J
L	C	A	V	G	C	R	N	O	P	M	N	S	S	L	Y	I	Y	C
G	G	B	S	I	B	P	X	G	R	G	R	E	K	C	A	T	P	I
D	O	C	R	J	N	Y	S	C	Y	Q	V	L	X	G	H	M	O	F
T	D	T	H	Z	N	M	T	C	O	N	J	P	P	S	A	C	O	S
R	L	P	D	N	E	B	A	N	R	E	T	L	E	W	U	R	V	T
I	B	I	B	B	K	G	U	Y	C	C	H	M	N	T	S	O	P	L
R	V	D	N	G	G	W	M	B	O	R	X	K	N	A	T	I	I	H

G	G	Z	N	B	L	V	M	B	B	U	Q	U	M	X	B	A	H	Z
J	K	Q	D	A	R	B	E	I	T	E	N	R	U	Q	A	B	O	Z
O	R	U	B	A	G	F	E	W	N	H	E	H	Y	A	Z	N	T	O
V	V	T	W	W	P	L	H	N	O	Z	N	S	Z	H	A	C	P	M
N	M	K	N	Z	A	E	C	G	R	S	O	J	O	L	G	T	A	V
A	E	X	T	S	A	S	S	Z	F	B	R	I	G	O	G	C	N	J
J	W	F	Q	E	H	O	A	K	Q	E	T	D	H	A	U	H	H	O
V	N	L	F	D	N	Z	T	F	W	H	A	I	Y	P	E	R	T	I
H	I	X	F	D	Z	U	L	F	A	C	P	Q	D	Q	J	G	N	F
K	W	N	U	O	L	T	U	U	K	I	N	W	L	E	K	W	E	P
A	L	U	A	D	L	W	H	A	I	L	E	H	T	I	I	R	B	M
G	X	N	T	N	I	A	C	Q	H	D	T	V	S	N	A	G	I	Y
G	C	T	L	L	W	K	S	D	N	L	N	U	H	S	T	Q	E	R
G	S	Q	B	O	I	X	T	L	I	I	I	Y	O	C	U	O	R	J
L	P	V	O	L	C	H	P	A	J	B	T	T	G	H	C	V	H	Z
M	P	Y	Q	B	U	K	E	K	T	R	R	U	P	U	H	C	C	E
I	Z	L	J	V	D	F	P	M	X	O	B	P	A	L	I	U	S	Q
W	K	I	Z	X	O	U	X	L	D	V	D	H	X	U	D	V	U	S
Y	A	K	F	V	S	C	H	U	E	L	E	R	I	N	Y	F	E	H
O	C	T	V	Y	X	A	X	F	N	C	Z	I	A	G	E	N	C	Z
I	H	W	A	H	L	L	E	R	N	V	I	D	E	O	V	O	M	F
M	O	Y	N	H	P	P	G	A	W	W	P	I	E	G	R	I	R	K
M	G	G	M	M	T	Y	P	R	N	O	D	O	B	W	M	D	U	V
H	O	F	H	G	E	V	M	G	O	Z	E	I	G	O	L	O	I	B

11

VORBILDLICHE SCHUELERIN
DIKTAT SCHREIBEN
TINTENPATRONEN
SCHULTASCHE
EINSCHULUNG

LERNVIDEO
ARBEITEN
BIOLOGIE
NLOCK
AULA

Lösung

G	G	Z	N	B	L	V	M	B	B	U	Q	U	M	X	B	A	H	Z
J	K	Q	D	A	R	B	E	I	T	E	N	R	U	Q	A	B	O	Z
O	R	U	B	A	G	F	E	W	N	H	E	H	Y	A	Z	N	T	O
V	V	T	W	W	P	L	H	N	O	Z	N	S	Z	H	A	C	P	M
N	M	K	N	Z	A	E	C	G	R	S	O	J	O	L	G	T	A	V
A	E	X	T	S	A	S	S	Z	F	B	R	I	G	O	G	C	N	J
J	W	F	Q	E	H	O	A	K	Q	E	T	D	H	A	U	H	H	O
V	N	L	F	D	N	Z	T	F	W	H	A	I	Y	P	E	R	T	I
H	I	X	F	D	Z	U	L	F	A	C	P	Q	D	Q	J	G	N	F
K	W	N	U	O	L	T	U	U	K	I	N	W	L	E	K	W	E	P
A	L	U	A	D	L	W	H	A	I	L	E	H	T	I	I	R	B	M
G	X	N	T	N	I	A	C	Q	H	D	T	V	S	N	A	G	I	Y
G	C	T	L	L	W	K	S	D	N	L	N	U	H	S	T	Q	E	R
G	S	Q	B	O	I	X	T	L	I	I	I	Y	O	C	U	O	R	J
L	P	V	O	L	C	H	P	A	J	B	T	T	G	H	C	V	H	Z
M	P	Y	Q	B	U	K	E	K	T	R	R	U	P	U	H	C	C	E
I	Z	L	J	V	D	F	P	M	X	O	B	P	A	L	I	U	S	Q
W	K	I	Z	X	O	U	X	L	D	V	D	H	X	U	D	V	U	S
Y	A	K	F	V	S	C	H	U	E	L	E	R	I	N	Y	F	E	H
O	C	T	V	Y	X	A	X	F	N	C	Z	I	A	G	E	N	C	Z
I	H	W	A	H	L	L	E	R	N	V	I	D	E	O	V	O	M	F
M	O	Y	N	H	P	P	G	A	W	W	P	I	E	G	R	I	R	K
M	G	G	M	M	T	Y	P	R	N	O	D	O	B	W	M	D	U	V
H	O	F	H	G	E	V	M	G	O	Z	E	I	G	O	L	O	I	B

J	E	L	Z	E	I	X	R	Z	I	I	F	D	H	C	K	G	R	I
H	O	B	H	H	T	R	I	N	K	F	L	A	S	C	H	E	O	K
N	F	C	R	D	W	E	T	I	E	E	E	X	P	E	K	P	T	N
E	P	U	G	W	L	P	T	Y	N	I	T	L	F	Q	G	P	K	E
B	G	X	L	D	N	H	O	L	G	N	O	A	B	B	L	D	E	T
I	D	A	P	B	K	N	P	U	R	T	N	S	E	D	B	A	R	S
E	J	T	U	T	Z	K	S	M	B	R	L	S	K	E	R	B	I	A
R	A	K	A	P	J	X	H	A	A	A	Z	E	S	A	W	S	D	K
H	D	D	K	V	V	F	R	T	P	G	F	N	V	G	G	C	M	L
C	Z	U	Q	W	C	B	P	Z	N	H	W	N	B	M	D	H	A	A
S	Q	R	S	Z	E	K	K	E	P	C	M	Y	T	P	J	R	P	M
R	Y	O	P	I	L	N	S	C	D	U	U	S	R	T	N	E	E	N
E	O	N	T	T	T	C	N	M	S	B	J	U	V	J	H	I	X	D
T	P	S	A	B	G	R	Q	N	T	R	M	Z	Y	B	H	B	G	A
N	O	Z	H	B	N	U	Z	L	U	E	M	V	D	E	M	E	C	A
U	R	J	V	Z	W	Z	K	Y	N	T	P	J	B	K	V	N	O	H
X	U	L	U	K	Q	Z	V	T	D	R	T	S	W	O	P	V	I	T
V	T	H	Z	U	L	F	Q	S	E	E	F	G	K	M	D	R	V	J
N	I	P	J	S	N	L	K	S	N	O	I	I	F	M	Z	L	O	N
S	B	N	X	T	U	Q	B	J	P	W	O	V	A	E	P	W	T	B
R	A	M	X	B	J	I	Z	B	L	A	H	Z	N	N	P	V	Y	G
Y	C	J	G	Q	E	O	U	L	A	Y	D	X	R	O	L	Q	U	Y
B	T	C	G	T	R	T	V	B	N	Y	A	Z	Q	S	B	T	Z	X
E	P	J	M	Q	K	N	J	D	N	Y	T	X	B	K	E	A	Y	T

12

ARBEIT UNTERSCHREIBEN LASSEN
EINTRAG BEKOMMEN
TRINKFLASCHE
STUNDENPLAN
ABSCHREIBEN

WOERTERBUCH
MALKASTEN
GUTE NOTE
DIREKTOR
ABITUR

Lösung

J	E	L	Z	E	I	X	R	Z	I	I	F	D	H	C	K	G	R	I	
H	O	B	H	H	T	R	I	N	K	F	L	A	S	C	H	E	O	K	
N	F	C	R	D	W	E	T	I	E	E	E	X	P	E	K	P	T	N	
E	P	U	G	W	L	P	T	Y	N	I	T	L	F	Q	G	P	K	E	
B	G	X	L	D	N	H	O	L	G	N	O	A	B	B	L	D	E	T	
I	D	A	P	B	K	N	P	U	R	T	N	S	E	D	B	A	R	S	
E	J	T	U	T	Z	K	S	M	B	R	L	S	K	E	R	B	I	A	
R	A	K	A	P	J	X	H	A	A	A	Z	E	S	A	W	S	D	K	
H	D	D	K	V	V	F	R	T	P	G	F	N	V	G	G	C	M	L	
C	Z	U	Q	W	C	B	P	Z	N	H	W	N	B	M	D	H	A	A	
S	Q	R	S	Z	E	K	K	E	P	C	M	Y	T	P	J	R	P	M	
R	Y	O	P	I	L	N	S	C	D	U	U	S	R	T	N	E	E	N	
E	O	N	T	T	T	C	N	M	S	B	J	U	V	J	H	I	X	D	
T	P	S	A	B	G	R	Q	N	T	R	M	Z	Y	B	H	B	G	A	
N	O	Z	H	B	N	U	Z	L	U	E	M	V	D	E	M	E	C	A	
U	R	J	V	Z	W	Z	K	Y	N	T	P	J	B	K	V	N	O	H	
X	U	L	U	K	Q	Z	V	T	D	R	T	S	W	O	P	V	I	T	
V	T	H	Z	U	L	F	Q	S	E	E	F	G	K	M	D	R	V	J	
N	I	P	J	S	N	L	K	S	N	O	I	I	F	M	Z	L	O	N	
S	B	N	X	T	U	Q	B	J	P	W	O	V	A	E	P	W	T	B	
R	A	M	X	B	J	I	Z	B	L	A	H	Z	N	N	P	V	Y	G	
Y	C	J	G	Q	E	O	U	L	A	Y	D	X	R	O	L	Q	U	Y	
B	T	C	G	T	R	T	V	B	N	Y	A	Z	Q	S	B	T	Z	X	
E	P	J	M	Q	K	N	J	D	N	Y	T	X	B	K	E	A	Y	T	

Z	T	P	J	T	D	N	Z	B	R	J	V	V	X	H	W	T	N	K
M	K	T	X	S	W	D	U	Q	K	O	D	Z	J	F	I	O	C	F
D	W	O	N	S	T	H	D	N	S	L	E	V	Q	Z	X	A	S	A
X	X	A	Z	Y	J	E	E	C	X	C	O	N	M	S	S	J	C	K
W	P	M	T	P	B	K	Z	P	D	J	R	T	T	K	Q	H	H	S
A	Z	Y	V	D	F	M	R	A	R	Z	D	O	C	H	H	Z	R	Z
P	T	J	V	A	F	U	A	D	A	I	E	U	G	O	Q	R	E	S
U	H	Z	F	T	P	S	V	I	X	R	R	S	N	M	H	L	I	Y
W	C	T	S	Y	G	K	O	J	E	R	E	S	U	E	I	E	B	X
H	I	A	S	O	Y	A	Z	N	F	P	Q	J	G	S	R	R	E	G
I	R	L	H	W	P	B	J	F	Z	K	S	E	I	C	T	N	N	M
T	R	P	S	D	D	U	H	H	O	F	W	N	D	H	V	E	M	L
Z	E	K	P	E	S	V	L	O	B	D	K	X	L	O	J	N	C	S
E	T	R	T	V	Q	W	V	R	X	C	Z	W	U	O	X	N	P	J
F	N	A	H	E	R	Q	I	Z	D	N	C	N	H	L	D	P	K	Z
R	U	P	U	F	P	N	K	E	F	A	W	H	C	I	A	C	C	G
E	Q	L	D	F	G	S	E	T	I	V	G	Q	S	N	L	V	P	U
I	U	U	N	E	Q	K	Q	T	S	H	S	I	T	G	E	A	B	Z
Y	A	H	N	Q	T	Y	R	K	Z	N	T	B	N	V	S	M	T	Y
B	H	C	Y	X	X	T	O	P	E	Y	Q	K	E	E	E	C	Y	U
C	D	S	Q	Y	R	Q	X	I	B	E	R	F	L	Y	N	H	D	E
L	G	T	D	Y	T	Q	R	E	V	J	A	N	Q	C	A	J	E	J
F	D	O	F	P	I	E	B	W	T	D	O	L	Z	G	J	I	J	Q
S	Z	Q	A	R	F	O	B	T	J	R	T	W	W	H	L	X	F	C

13

ENTSCHULDIGUNG BRINGEN
UNTERRICHT STOEREN
SCHULPARKPLATZ
HOMESCHOOLING
TEXT LESEN

HITZEFREI
SCHREIBEN
RUCKSACK
FERIEN
LERNEN

Lösung

Z	T	P	J	T	D	N	Z	B	R	J	V	V	X	H	W	T	N	K
M	K	T	X	S	W	D	U	Q	K	O	D	Z	J	F	I	O	C	F
D	W	O	N	S	T	H	D	N	S	L	E	V	Q	Z	X	A	S	A
X	X	A	Z	Y	J	E	E	C	X	C	O	N	M	S	S	J	C	K
W	P	M	T	P	B	K	Z	P	D	J	R	T	T	K	Q	H	H	S
A	Z	Y	V	D	F	M	R	A	R	Z	D	O	C	H	H	Z	R	Z
P	T	J	V	A	F	U	A	D	A	I	E	U	G	O	Q	R	E	S
U	H	Z	F	T	P	S	V	I	X	R	R	S	N	M	H	L	I	Y
W	C	T	S	Y	G	K	O	J	E	R	E	S	U	E	I	E	B	X
H	I	A	S	O	Y	A	Z	N	F	P	Q	J	G	S	R	R	E	G
I	R	L	H	W	P	B	J	F	Z	K	S	E	I	C	T	N	N	M
T	R	P	S	D	D	U	H	H	O	F	W	N	D	H	V	E	M	L
Z	E	K	P	E	S	V	L	O	B	D	K	X	L	O	J	N	C	S
E	T	R	T	V	Q	W	V	R	X	C	Z	W	U	O	X	N	P	J
F	N	A	H	E	R	Q	I	Z	D	N	C	N	H	L	D	P	K	Z
R	U	P	U	F	P	N	K	E	F	A	W	H	C	I	A	C	C	G
E	Q	L	D	F	G	S	E	T	I	V	G	Q	S	N	L	V	P	U
I	U	U	N	E	Q	K	Q	T	S	H	S	I	T	G	E	A	B	Z
Y	A	H	N	Q	T	Y	R	K	Z	N	T	B	N	V	S	M	T	Y
B	H	C	Y	X	X	T	O	P	E	Y	Q	K	E	E	E	C	Y	U
C	D	S	Q	Y	R	Q	X	I	B	E	R	F	L	Y	N	H	D	E
L	G	T	D	Y	T	Q	R	E	V	J	A	N	Q	C	A	J	E	J
F	D	O	F	P	I	E	B	W	T	D	O	L	Z	G	J	I	J	Q
S	Z	Q	A	R	F	O	B	T	J	R	T	W	W	H	L	X	F	C

I	S	J	M	X	K	X	A	P	F	F	T	E	A	C	Y	G	K	H
R	W	F	G	A	V	I	A	K	X	V	D	Z	H	I	I	I	C	Q
K	U	N	S	T	R	P	O	A	P	L	O	S	R	J	D	K	V	Z
J	Y	U	Y	L	I	K	C	V	A	R	N	J	B	S	X	E	S	O
S	X	G	J	N	N	S	E	I	T	O	O	N	G	K	I	O	M	M
L	S	Q	S	L	C	G	C	R	B	R	R	T	U	T	Y	F	E	P
L	N	E	N	Q	J	O	G	V	E	E	J	D	Z	O	Q	V	Q	A
O	L	W	Q	O	S	N	C	D	L	M	O	Y	L	L	T	A	S	U
T	N	D	O	K	F	N	S	I	C	M	D	U	Q	U	G	O	C	S
T	R	K	Y	U	D	J	G	Y	S	I	L	F	H	J	X	B	H	E
N	H	E	M	Z	Q	I	T	K	B	Z	R	C	V	S	J	Y	U	N
P	H	K	F	B	O	N	P	I	D	R	H	C	R	I	K	B	L	A
F	Y	O	A	N	Q	U	L	X	Q	E	N	E	H	C	A	M	H	U
S	B	F	R	N	O	P	H	O	U	R	S	D	Z	Y	L	H	A	F
W	U	Y	Z	Z	V	B	O	W	G	H	G	I	Q	L	K	T	U	S
R	E	V	O	M	L	V	R	U	B	E	A	L	R	O	M	G	S	I
M	A	R	G	S	A	Z	H	W	E	L	E	R	H	N	G	E	M	C
N	U	K	K	N	B	I	X	O	U	J	N	W	R	E	U	O	E	H
U	S	I	N	E	M	Q	V	V	Z	E	G	N	B	A	H	N	I	T
A	F	G	F	H	N	D	F	B	B	I	T	Q	Y	F	C	Q	S	W
U	L	O	U	G	R	H	R	G	Y	W	S	Z	J	W	N	S	T	D
J	U	K	C	I	P	D	O	F	M	R	J	H	P	N	K	Z	E	K
Z	G	T	A	H	C	N	E	S	S	A	L	K	Q	E	V	P	R	X
L	I	V	S	M	G	L	L	F	W	Z	O	X	G	M	W	O	E	G

SOCIAL MEDIA KLASSENCHAT
SCHULHAUSMEISTER
AUSFLUG MACHEN
PAUSENAUFSICHT
LEHRERZIMMER

RELIGION
PINSEL
MARKER
WERKEN
KUNST

Lösung

I S J M X K X A P F F T E A C Y G K H
R W F G A V I A K X V D Z H I I I C Q
K U N S T R P O A P L O S R J D K V Z
J Y U Y L I K C V A R N J B S X E S O
S X G J N N S E I T O O N G K I O M M
L S Q S L C G C R B R R T U T Y F E P
L N E N Q J O G V E E J D Z O Q V Q A
O L W Q O S N C D L M O Y L L T A S U
T N D O K F N S I C M D U Q U G O C S
T R K Y U D J G Y S I L F H J X B H E
N H E M Z Q I T K B Z R C V S J Y U N
P H K F B O N P I D R H C R I K B L A
F Y O A N Q U L X Q E N E H C A M H U
S B F R N O P H O U R S D Z Y L H A F
W U Y Z Z V B O W G H G I Q L K T U S
R E V O M L V R U B E A L R O M G S I
M A R G S A Z H W E L E R H N G E M C
N U K K N B I X O U J N W R E U O E H
U S I N E M Q V V Z E G N B A H N I T
A F G F H N D F B B I T Q Y F C Q S W
U L O U G R H R G Y W S Z J W N S T D
J U K C I P D O F M R J H P N K Z E K
Z G T A H C N E S S A L K Q E V P R X
L I V S M G L L F W Z O X G M W O E G

F	M	L	K	U	R	R	K	F	S	D	Z	S	O	I	N	N	T	M
K	W	J	L	O	A	J	S	U	M	U	B	M	O	W	O	U	X	O
F	C	C	S	U	Z	F	P	T	W	O	W	A	J	X	A	S	R	S
Q	J	O	Q	I	A	D	G	Z	F	W	N	P	M	L	W	M	H	R
K	W	O	N	J	C	X	D	X	S	D	X	Z	Y	S	P	T	X	E
V	Z	B	W	P	N	D	M	Y	A	Z	V	F	A	H	R	R	A	D
U	J	T	U	V	L	I	N	S	P	D	V	W	L	L	Q	T	N	N
P	Z	Q	A	C	T	G	I	Z	M	G	C	B	A	N	S	H	T	E
Z	V	I	U	T	H	G	W	L	T	Y	S	U	F	P	E	C	R	L
T	Z	Y	L	G	V	F	D	S	F	F	Q	E	O	I	O	I	Q	A
I	U	E	E	R	I	Z	O	I	I	O	H	R	J	E	W	R	Y	K
B	R	R	U	Z	C	E	Y	R	U	X	T	O	F	W	Q	R	F	N
E	W	O	T	I	I	W	L	V	H	T	V	K	C	R	J	E	C	I
Z	N	K	G	E	E	F	U	U	A	O	Q	L	F	I	N	T	I	M
Z	N	W	K	T	P	X	C	S	H	E	G	A	G	S	Y	N	C	R
U	I	F	M	J	L	Z	C	W	X	C	A	M	E	W	N	U	N	E
R	G	K	M	V	J	H	I	D	P	J	S	M	S	K	U	M	F	T
G	E	J	H	B	E	K	F	I	W	P	T	E	C	G	X	M	R	P
C	B	Z	E	T	J	F	A	X	L	J	Y	R	H	F	H	I	R	Q
J	L	S	F	R	V	V	Z	E	E	B	R	M	I	W	R	W	E	G
M	U	H	T	X	A	U	H	H	D	W	H	I	C	Y	J	H	I	G
E	H	A	E	S	G	V	M	W	A	Z	P	D	H	L	Q	C	F	T
D	C	E	R	G	C	I	J	Q	S	Y	B	B	T	K	O	S	E	D
S	S	Q	J	S	T	Q	M	G	A	G	W	R	E	N	G	V	J	W

15

MIT DEM FAHRRAD ZUR SCHULE
SCHWIMMUNTERRICHT
MITTLERE REIFE
TERMINKALENDER
BUEROKLAMMER

SPORTTASCHE
SCHULBEGINN
GESCHICHTE
HEFTER
BUCH

Lösung

F	M	L	K	U	R	R	K	F	S	D	Z	S	O	I	N	N	T	M
K	W	J	L	O	A	J	S	U	M	U	B	M	O	W	O	U	X	O
F	C	C	S	U	Z	F	P	T	W	O	W	A	J	X	A	S	R	S
Q	J	O	Q	I	A	D	G	Z	F	W	N	P	M	L	W	M	H	R
K	W	O	N	J	C	X	D	X	S	D	X	Z	Y	S	P	T	X	E
V	Z	B	W	P	N	D	M	Y	A	Z	V	F	A	H	R	R	A	D
U	J	T	U	V	L	I	N	S	P	D	V	W	L	L	Q	T	N	N
P	Z	Q	A	C	T	G	I	Z	M	G	C	B	A	N	S	H	T	E
Z	V	I	U	T	H	G	W	L	T	Y	S	U	F	P	E	C	R	L
T	Z	Y	L	G	V	F	D	S	F	F	Q	E	O	I	O	I	Q	A
I	U	E	E	R	I	Z	O	I	I	O	H	R	J	E	W	R	Y	K
B	R	R	U	Z	C	E	Y	R	U	X	T	O	F	W	Q	R	F	N
E	W	O	T	I	I	W	L	V	H	T	V	K	C	R	J	E	C	I
Z	N	K	G	E	E	F	U	U	A	O	Q	L	F	I	N	T	I	M
Z	N	W	K	T	P	X	C	S	H	E	G	A	G	S	Y	N	C	R
U	I	F	M	J	L	Z	C	W	X	C	A	M	E	W	N	U	N	E
R	G	K	M	V	J	H	I	D	P	J	S	M	S	K	U	M	F	T
G	E	J	H	B	E	K	F	I	W	P	T	E	C	G	X	M	R	P
C	B	Z	E	T	J	F	A	X	L	J	Y	R	H	F	H	I	R	Q
J	L	S	F	R	V	V	Z	E	E	B	R	M	I	W	R	W	E	G
M	U	H	T	X	A	U	H	H	D	W	H	I	C	Y	J	H	I	G
E	H	A	E	S	G	V	M	W	A	Z	P	D	H	L	Q	C	F	T
D	C	E	R	G	C	I	J	Q	S	Y	B	B	T	K	O	S	E	D
S	S	Q	J	S	T	Q	M	G	A	G	W	R	E	N	G	V	J	W

W	R	E	S	B	B	I	S	C	H	U	L	L	A	P	T	O	P	F
P	L	X	X	R	E	W	P	C	C	R	R	G	R	V	U	X	S	P
K	F	J	S	S	H	Q	V	X	X	L	H	O	W	K	P	T	C	D
H	D	I	H	S	K	U	Y	W	O	P	J	H	W	B	I	Z	H	O
N	M	P	W	H	P	R	F	Y	C	E	Z	O	L	Y	C	F	U	F
O	T	L	N	A	R	R	G	O	K	B	H	T	F	W	W	L	L	C
N	X	E	G	U	T	L	A	T	R	N	P	U	I	X	N	U	T	O
O	G	J	T	S	Z	M	O	C	L	Y	T	Q	R	V	E	E	O	Z
S	C	H	P	A	F	R	N	E	H	Y	D	R	V	L	V	E	I	T
H	P	T	W	U	U	Z	B	W	G	L	F	K	R	D	W	S	L	F
S	V	I	C	F	Y	K	L	L	U	M	A	C	G	I	H	M	E	B
P	R	L	D	G	G	F	B	E	H	X	X	B	Y	I	S	S	T	S
W	V	C	E	A	K	Z	F	A	S	X	N	E	O	P	M	L	T	X
I	E	G	T	B	C	K	S	O	C	O	C	Q	C	R	G	X	E	G
N	C	Y	E	E	O	B	A	E	T	D	H	I	U	I	Z	H	N	V
L	V	K	R	N	L	M	E	P	I	S	V	O	V	P	Y	E	O	W
N	W	N	D	B	B	P	S	C	Z	N	B	R	O	A	F	M	L	M
D	M	M	K	U	Z	E	P	C	C	E	O	E	V	B	C	N	E	J
Y	D	Z	U	C	I	Z	N	A	C	H	H	I	L	F	E	K	H	H
W	M	P	N	H	T	U	L	A	A	B	F	T	X	K	P	Q	X	V
L	R	E	D	X	O	R	O	Z	I	G	X	V	D	A	P	V	C	V
P	T	I	E	V	N	B	T	U	Z	B	P	J	A	A	L	C	J	J
I	N	E	N	E	Z	T	I	S	H	C	A	N	L	Q	A	L	E	Q
B	P	A	Q	B	B	B	W	Y	F	V	T	K	J	C	V	Z	K	Z

16

HAUSAUFGABENBUCH
SCHULTOILETTEN
SPRACHLABOR
SCHULLAPTOP
NACHSITZEN

NOTIZBLOCK
PROJEKTOR
NACHHILFE
KLEBSTOFF
ERDKUNDE

Lösung

W	R	E	S	B	B	I	S	C	H	U	L	L	A	P	T	O	P	F
P	L	X	X	R	E	W	P	C	C	R	R	G	R	V	U	X	S	P
K	F	J	S	S	H	Q	V	X	X	L	H	O	W	K	P	T	C	D
H	D	I	H	S	K	U	Y	W	O	P	J	H	W	B	I	Z	H	O
N	M	P	W	H	P	R	F	Y	C	E	Z	O	L	Y	C	F	U	F
O	T	L	N	A	R	R	G	O	K	B	H	T	F	W	W	L	L	C
N	X	E	G	U	T	L	A	T	R	N	P	U	I	X	N	U	T	O
O	G	J	T	S	Z	M	O	C	L	Y	T	Q	R	V	E	E	O	Z
S	C	H	P	A	F	R	N	E	H	Y	D	R	V	L	V	E	I	T
H	P	T	W	U	U	Z	B	W	G	L	F	K	R	D	W	S	L	F
S	V	I	C	F	Y	K	L	L	U	M	A	C	G	I	H	M	E	B
P	R	L	D	G	G	F	B	E	H	X	X	B	Y	I	S	S	T	S
W	V	C	E	A	K	Z	F	A	S	X	N	E	O	P	M	L	T	X
I	E	G	T	B	C	K	S	O	C	O	C	Q	C	R	G	X	E	G
N	C	Y	E	E	O	B	A	E	T	D	H	I	U	I	Z	H	N	V
L	V	K	R	N	L	M	E	P	I	S	V	O	V	P	Y	E	O	W
N	W	N	D	B	B	P	S	C	Z	N	B	R	O	A	F	M	L	M
D	M	M	K	U	Z	E	P	C	C	E	O	E	V	B	C	N	E	J
Y	D	Z	U	C	I	Z	N	A	C	H	H	I	L	F	E	K	H	H
W	M	P	N	H	T	U	L	A	A	B	F	T	X	K	P	Q	X	V
L	R	E	D	X	O	R	O	Z	I	G	X	V	D	A	P	V	C	V
P	T	I	E	V	N	B	T	U	Z	B	P	J	A	A	L	C	J	J
I	N	E	N	E	Z	T	I	S	H	C	A	N	L	Q	A	L	E	Q
B	P	A	Q	B	B	B	W	Y	F	V	T	K	J	C	V	Z	K	Z

K	X	Y	S	D	W	F	S	O	N	S	Q	M	F	X	U	Q	A	R
G	I	P	D	H	C	U	B	N	E	S	S	A	L	K	S	Z	J	A
F	E	H	L	E	R	U	X	M	Q	X	A	F	I	F	H	Y	U	K
T	V	A	Q	H	J	X	Q	W	N	T	E	T	X	C	I	K	M	B
Z	E	I	E	S	T	A	O	V	I	F	U	G	U	W	N	O	U	Q
J	R	A	N	F	P	U	P	E	E	T	Y	B	F	N	E	R	M	H
Q	A	U	K	J	G	C	L	F	G	X	L	R	R	U	Q	R	E	L
E	K	O	I	A	D	M	N	D	P	U	M	W	X	B	O	I	R	L
A	D	P	E	V	L	O	L	D	H	H	I	T	L	M	H	G	B	T
K	C	O	L	B	N	E	H	C	I	E	Z	E	B	Q	C	I	P	C
E	T	E	W	X	M	T	S	L	N	P	I	N	N	X	O	E	C	H
V	N	T	I	A	M	D	M	G	C	S	E	L	X	F	B	R	J	Y
E	U	F	E	D	A	A	D	O	T	N	J	V	E	V	D	E	Q	T
N	S	M	O	J	A	F	N	I	J	E	H	Z	M	L	N	N	J	C
R	E	U	R	U	F	R	F	O	M	M	W	K	X	B	O	A	E	C
E	I	U	A	Y	K	T	Z	B	M	J	L	U	M	P	W	D	K	F
L	C	M	D	P	Y	X	W	T	K	A	U	D	A	A	X	E	F	L
Y	J	Q	W	F	D	L	B	D	Q	I	G	Q	L	P	D	M	G	U
T	I	L	D	Q	M	U	S	T	E	R	S	C	H	U	E	L	E	R
G	H	Y	S	P	O	R	T	T	S	O	V	C	N	T	I	Z	W	Q
B	C	P	Y	F	W	A	N	L	J	M	E	G	I	G	A	X	E	J
H	V	R	Y	O	R	E	L	E	U	H	C	S	T	N	B	F	Z	P
O	O	A	F	M	H	N	J	U	X	T	I	E	Z	L	U	H	C	S
O	K	R	F	O	D	C	J	O	O	K	N	K	N	A	T	Z	V	V

17

FEHLER KORRIGIEREN
MUSTERSCHUELER
ZEICHENBLOCK
KLASSENBUCH
BLEISTIFT
SCHULBUCH
SCHULZEIT
SCHUELER
PAUSE
SPORT

Lösung

K	X	Y	S	D	W	F	S	O	N	S	Q	M	F	X	U	Q	A	R
G	I	P	D	H	C	U	B	N	E	S	S	A	L	K	S	Z	J	A
F	E	H	L	E	R	U	X	M	Q	X	A	F	I	F	H	Y	U	K
T	V	A	Q	H	J	X	Q	W	N	T	E	T	X	C	I	K	M	B
Z	E	I	E	S	T	A	O	V	I	F	U	G	U	W	N	O	U	Q
J	R	A	N	F	P	U	P	E	E	T	Y	B	F	N	E	R	M	H
Q	A	U	K	J	G	C	L	F	G	X	L	R	R	U	Q	R	E	L
E	K	O	I	A	D	M	N	D	P	U	M	W	X	B	O	I	R	L
A	D	P	E	V	L	O	L	D	H	H	I	T	L	M	H	G	B	T
K	C	O	L	B	N	E	H	C	I	E	Z	E	B	Q	C	I	P	C
E	T	E	W	X	M	T	S	L	N	P	I	N	N	X	O	E	C	H
V	N	T	I	A	M	D	M	G	C	S	E	L	X	F	B	R	J	Y
E	U	F	E	D	A	A	D	O	T	N	J	V	E	V	D	E	Q	T
N	S	M	O	J	A	F	N	I	J	E	H	Z	M	L	N	N	J	C
R	E	U	R	U	F	R	F	O	M	M	W	K	X	B	O	A	E	C
E	I	U	A	Y	K	T	Z	B	M	J	L	U	M	P	W	D	K	F
L	C	M	D	P	Y	X	W	T	K	A	U	D	A	A	X	E	F	L
Y	J	Q	W	F	D	L	B	D	Q	I	G	Q	L	P	D	M	G	U
T	I	L	D	Q	M	U	S	T	E	R	S	C	H	U	E	L	E	R
G	H	Y	S	P	O	R	T	T	S	O	V	C	N	T	I	Z	W	Q
B	C	P	Y	F	W	A	N	L	J	M	E	G	I	G	A	X	E	J
H	V	R	Y	O	R	E	L	E	U	H	C	S	T	N	B	F	Z	P
O	O	A	F	M	H	N	J	U	X	T	I	E	Z	L	U	H	C	S
O	K	R	F	O	D	C	J	O	O	K	N	K	N	A	T	Z	V	V

V	M	X	A	U	L	E	Z	M	Q	W	M	I	R	X	T	G	Q	J
O	G	W	R	C	N	M	S	Y	W	F	F	B	O	R	A	D	L	N
F	M	W	V	X	F	E	E	L	Z	O	Z	V	E	K	W	F	C	C
F	Z	H	I	I	Z	X	K	L	H	J	J	S	I	E	R	K	D	Y
C	O	Z	F	M	U	H	S	K	Q	L	K	Q	T	W	R	S	S	Q
D	I	W	B	B	H	S	Q	T	M	D	U	U	R	F	Q	R	B	D
O	V	P	Q	D	M	G	V	T	B	K	G	L	O	B	K	E	F	M
H	J	P	V	A	A	L	M	A	K	U	E	S	Q	C	D	R	I	X
Z	Z	T	F	D	C	S	F	L	I	V	L	L	D	L	B	H	B	I
P	T	H	X	L	I	S	E	B	S	A	S	E	P	W	J	E	L	E
H	H	V	P	B	M	V	J	S	Z	I	C	F	R	F	Z	L	D	V
C	R	U	I	F	I	Y	O	T	E	T	H	A	T	K	O	S	T	T
A	H	Z	T	C	S	X	E	I	I	J	R	T	Q	U	T	G	A	A
F	X	O	O	S	C	T	X	E	C	L	E	Y	O	Q	R	N	D	D
R	W	J	U	Z	H	S	U	B	H	U	I	B	T	E	H	U	E	E
U	D	E	G	Q	E	T	J	R	N	Q	B	E	R	M	A	T	L	D
R	T	V	W	X	N	P	L	A	E	G	E	A	Q	M	F	E	C	Z
V	U	I	Y	M	X	B	H	K	N	P	R	R	O	W	N	R	Q	X
J	N	F	F	A	R	B	E	N	M	H	C	B	E	I	E	T	I	B
H	Y	F	R	E	N	D	R	O	M	H	D	E	F	S	S	R	T	N
S	S	J	E	P	K	L	C	W	P	N	H	I	N	C	S	E	D	U
P	U	X	Y	J	W	L	O	I	D	P	C	T	D	H	A	V	Z	S
I	J	S	L	U	O	R	S	F	Y	G	D	E	V	E	L	I	P	S
G	W	P	K	V	E	T	U	J	J	D	J	N	T	N	K	L	L	H

ARBEITSBLATT BEARBEITEN
VERTRETUNGSLEHRER
FARBEN MISCHEN
KREIS ZEICHNEN
KUGELSCHREIBER

TAFEL WISCHEN
KLASSENFAHRT
ORDNER
TADEL
FACH

Lösung

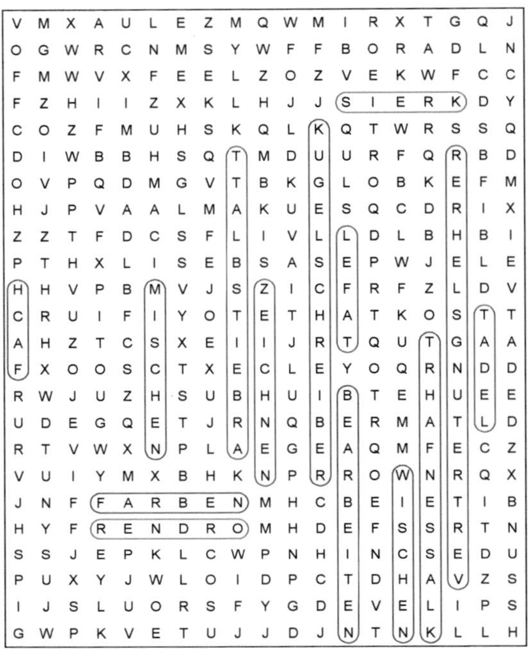

DAS

SPORT

WORTSUCHRÄTSEL BUCH

B	S	Q	H	T	M	I	X	H	V	X	V	Q	Z	L	R	Z	J	O
X	L	P	F	R	D	T	L	Q	M	B	M	D	L	C	J	F	T	D
J	A	L	R	U	S	Y	X	H	L	F	W	A	J	X	X	S	J	I
C	O	A	D	I	D	K	V	U	X	W	B	G	X	S	F	U	K	W
G	T	Q	R	I	N	R	B	C	O	Y	T	E	S	T	U	Q	E	U
U	S	W	U	Y	Z	T	C	P	E	Z	W	R	N	A	L	M	W	H
A	I	N	L	Q	W	F	H	L	G	E	X	A	B	B	A	X	P	V
X	T	A	C	J	G	P	L	E	N	E	R	E	Y	H	C	K	A	C
Y	C	K	X	X	U	O	G	Z	R	W	Z	T	G	O	I	F	X	I
R	H	I	X	G	V	D	N	K	D	H	G	E	D	C	N	F	M	F
O	U	D	G	H	T	F	I	I	B	B	J	T	C	H	R	G	K	U
K	C	O	C	E	U	R	G	T	O	W	M	U	X	S	Z	X	L	G
P	E	A	X	D	R	E	G	S	P	M	C	R	F	P	Q	L	U	Z
X	E	D	W	O	M	E	O	A	N	O	E	N	O	R	H	R	S	P
B	Q	F	B	J	S	S	J	N	Q	W	P	E	O	U	P	Q	P	U
T	A	Y	P	N	P	T	R	M	C	T	Z	N	T	N	K	K	N	S
S	J	N	H	J	R	Y	X	Y	I	G	R	T	B	G	Y	O	L	Q
A	W	F	R	G	I	L	W	G	B	S	S	K	A	K	R	A	U	X
B	C	S	Y	R	N	E	R	T	G	G	T	N	L	L	P	B	Y	L
V	A	P	H	I	G	W	N	R	D	Y	A	X	L	U	L	C	P	R
R	D	Y	R	V	E	L	L	O	H	C	G	N	I	I	K	S	T	Z
N	C	F	N	D	N	P	U	P	N	O	U	H	S	S	N	A	R	H
B	T	K	W	N	F	N	J	S	C	V	R	W	T	Z	I	P	U	J
E	G	T	E	K	O	O	O	L	L	C	I	R	G	Z	M	W	L	U

1

FOOTBALL
BEACHVOLLEYBALL
AKIDO
TURMSPRINGEN
STABHOCHSPRUNG
FREESTYLE SKIING
GERAETETURNEN
JOGGING
GOLF
SPORTGYMNASTIK

Lösung

B S Q H T M I X H V X V Q Z L R Z J O
X L P F R D T L Q M B M D L C J F T D
J A L R U S Y X H L F W A J X X S J I
C O A D I D K V U X W B G X S F U K W
G T Q R I N R B C O Y T E S T U Q E U
U S W U Y Z T C P E Z W R N A L M W H
A I N L Q W F H L G E X A B B A X P V
X T A C J G P L E N E R E Y H C K A C
Y C K X X U O G Z R W Z T G O I F X I
R H I X G V D N K D H G E D C N F M F
O U D G H T F I I B B J T C H R G K U
K C O C E U R G T O W M U X S Z X L G
P E A X D R E G S P M C R F P Q L U Z
X E D W O M E O A N O E N O R H R S P
B Q F B J S S J N Q W P E O U P Q P U
T A Y P N P T R M C T Z N T N K K N S
S J N H J R Y X Y I G R T B G Y O L Q
A W F R G I L W G B S S K A K R A U X
B C S Y R N E R T G G T N L L P B Y L
V A P H I G W N R D Y A X L U L C P R
R D Y R V E L L O H C G N I I K S T Z
N C F N D N P U P N O U H S S N A R H
B T K W N F N J S C V R W T Z I P U J
E G T E K O O O L L C I R G Z M W L U

O	P	F	A	Q	M	B	F	R	Z	K	J	F	V	D	Q	F	Z	J
N	F	R	J	V	A	N	R	Q	O	Y	N	T	Y	J	L	H	U	Y
E	Y	F	U	T	S	A	L	U	B	F	K	O	V	H	I	J	C	P
T	G	N	I	D	R	A	O	B	W	O	N	S	S	E	I	Y	H	W
I	M	R	V	W	E	D	J	P	I	M	S	Z	J	T	T	Z	G	W
E	D	J	J	B	B	L	A	S	N	D	H	K	S	U	C	R	X	P
R	W	R	X	L	B	K	L	T	J	Y	A	U	S	A	L	L	N	M
R	I	Y	C	W	G	Z	I	A	L	B	M	X	L	A	A	N	B	V
U	V	I	V	X	E	X	T	V	B	C	R	I	Q	M	N	V	F	V
S	B	N	M	P	Q	I	F	N	Q	T	S	Z	D	T	G	O	S	Z
S	M	M	D	N	I	Q	T	H	I	T	N	U	V	B	S	F	C	W
E	V	H	P	I	P	A	R	S	H	R	J	I	L	W	T	W	U	W
R	A	G	Z	N	Q	Y	E	E	P	A	P	E	A	D	R	S	B	Y
D	H	C	N	G	P	G	N	S	H	R	T	S	S	P	E	N	F	F
Q	R	Z	A	K	B	I	V	D	U	B	U	S	E	L	C	B	C	T
G	W	G	N	I	C	N	E	I	K	F	R	N	V	C	K	U	D	I
Z	F	B	A	S	K	E	T	B	A	L	L	J	G	H	E	L	Q	D
D	P	H	L	F	R	D	Q	U	K	D	T	D	Q	K	N	Z	Q	G
N	P	E	D	W	Z	X	O	M	R	L	F	Z	D	X	L	S	Q	V
X	E	W	O	V	X	U	F	D	O	R	M	J	C	B	A	J	I	O
C	M	Z	B	W	S	S	R	R	A	S	R	P	I	R	U	N	G	M
B	U	M	C	P	W	I	N	I	A	X	B	A	I	P	F	C	Z	H
Q	P	R	P	D	N	G	H	X	I	C	A	D	I	O	Z	S	N	F
Q	O	S	Z	E	G	P	D	D	Z	I	O	W	E	U	H	A	Q	Z

2

BASKETBALL
CALISTHENICS
FUTSAL
DRESSURREITEN
WEITSPRUNG
PAINTBALL
LANGSTRECKENLAUF
SNOWBOARDING
SPRINT
JUJITSU

Lösung

O	P	F	A	Q	M	B	F	R	Z	K	J	F	V	D	Q	F	Z	J
N	F	R	J	V	A	N	R	Q	O	Y	N	T	Y	J	L	H	U	Y
E	Y	F	U	T	S	A	L	U	B	F	K	O	V	H	I	J	C	P
T	G	N	I	D	R	A	O	B	W	O	N	S	S	E	I	Y	H	W
I	M	R	V	W	E	D	J	P	I	M	S	Z	J	T	T	Z	G	W
E	D	J	J	B	B	L	A	S	N	D	H	K	S	U	C	R	X	P
R	W	R	X	L	B	K	L	T	J	Y	A	U	S	A	L	L	N	M
R	I	Y	C	W	G	Z	I	A	L	B	M	X	L	A	A	N	B	V
U	V	I	V	X	E	X	T	V	B	C	R	I	Q	M	N	V	F	V
S	B	N	M	P	Q	I	F	N	Q	T	S	Z	D	T	G	O	S	Z
S	M	M	D	N	I	Q	T	H	I	T	N	U	V	B	S	F	C	W
E	V	H	P	I	P	A	R	S	H	R	J	I	L	W	T	W	U	W
R	A	G	Z	N	Q	Y	E	E	P	A	P	E	A	D	R	S	B	Y
D	H	C	N	G	P	G	N	S	H	R	T	S	S	P	E	N	F	F
Q	R	Z	A	K	B	I	V	D	U	B	U	S	E	L	C	B	C	T
G	W	G	N	I	C	N	E	I	K	F	R	N	V	C	K	U	D	I
Z	F	B	A	S	K	E	T	B	A	L	L	J	G	H	E	L	Q	D
D	P	H	L	F	R	D	Q	U	K	D	T	D	Q	K	N	Z	Q	G
N	P	E	D	W	Z	X	O	M	R	L	F	Z	D	X	L	S	Q	V
X	E	W	O	V	X	U	F	D	O	R	M	J	C	B	A	J	I	O
C	M	Z	B	W	S	S	R	R	A	S	R	P	I	R	U	N	G	M
B	U	M	C	P	W	I	N	I	A	X	B	A	I	P	F	C	Z	H
Q	P	R	P	D	N	G	H	X	I	C	A	D	I	O	Z	S	N	F
Q	O	S	Z	E	G	P	D	D	Z	I	O	W	E	U	H	A	Q	Z

B A D G D Y S H M S P R G C L A A X U

I D S C P G N Q O O M K W S Q P G F Y

P O R L W N C Y S L T G G T X P Y E A

X F K L Y I Q O V Q J Q Y V A A Q L Z

C E X O Q C W C Y I Y S Q B V E L V B

U C L R E A X L N Y M W F M C O J B O

G H N O E R P Z R L O U Q X C U K H O

C T J Y Y G F G Q L E B E R P B U O J

M E I R U A Q N E L A M B D S P H Z B

C N G X Q R S E L U I Q R A P L W Q U

P K E A A D U G M B I L A U Z U C R F

E K N G G M H I L G R W F E M E Y N L

W C U T N O H E N A N R P K E M X D O

L B L O D I Y T D Y Z E M D W O C M R

H U V L C M R S R Q W J I S S V H F O

N Q I H R Q P G I N O P O C Y P H S T

F Y Z M C O B R B P N A O B Z H T A W

B A A X R D H E W T V K Q M M U T K D

G G S T S L Y B A S W Y O S V K U O H

H K F Y P N N U L A M U Y I D F S B D

V O L L Q K D Y K G G U W Y L H O D Q

C E G O H U B Z O S O F T B A L L E Q

G K T R O P S L L E D O M G U L F P F

P I P L V N J I T G B R E N N B A L L

BRENNBALL

BMX RADSPORT

FECHTEN

BERGSTEIGEN

FLUGMODELLSPORT

DRAGRACING

SOFTBALL

RINGE

YOGA

MURMELN

Lösung

B	A	D	G	D	Y	S	H	M	S	P	R	G	C	L	A	A	X	U
I	D	S	C	P	G	N	Q	O	O	M	K	W	S	Q	P	G	F	Y
P	O	R	L	W	N	C	Y	S	L	T	G	G	T	X	P	Y	E	A
X	F	K	L	Y	I	Q	O	V	Q	J	Q	Y	V	A	A	Q	L	Z
C	E	X	O	Q	C	W	C	Y	I	Y	S	Q	B	V	E	L	V	B
U	C	L	R	E	A	X	L	N	Y	M	W	F	M	C	O	J	B	O
G	H	N	O	E	R	P	Z	R	L	O	U	Q	X	C	U	K	H	O
C	T	J	Y	Y	G	F	G	Q	L	E	B	E	R	P	B	U	O	J
M	E	I	R	U	A	Q	N	E	L	A	M	B	D	S	P	H	Z	B
C	N	G	X	Q	R	S	E	L	U	I	Q	R	A	P	L	W	Q	U
P	K	E	A	A	D	U	G	M	B	I	L	A	U	Z	U	C	R	F
E	K	N	G	G	M	H	I	L	G	R	W	F	E	M	E	Y	N	L
W	C	U	T	N	O	H	E	N	A	N	R	P	K	E	M	X	D	O
L	B	L	O	D	I	Y	T	D	Y	Z	E	M	D	W	O	C	M	R
H	U	V	L	C	M	R	S	R	Q	W	J	I	S	S	V	H	F	O
N	Q	I	H	R	Q	P	G	I	N	O	P	O	C	Y	P	H	S	T
F	Y	Z	M	C	O	B	R	B	P	N	A	O	B	Z	H	T	A	W
B	A	A	X	R	D	H	E	W	T	V	K	Q	M	M	U	T	K	D
G	G	S	T	S	L	Y	B	A	S	W	Y	O	S	V	K	U	O	H
H	K	F	Y	P	N	N	U	L	A	M	U	Y	I	D	F	S	B	D
V	O	L	L	Q	K	D	Y	K	G	G	U	W	Y	L	H	O	D	Q
C	E	G	O	H	U	B	Z	O	S	O	F	T	B	A	L	L	E	Q
G	K	T	R	O	P	S	L	L	E	D	O	M	G	U	L	F	P	F
P	I	P	L	V	N	J	I	T	G	B	R	E	N	N	B	A	L	L

F	A	E	L	Y	X	O	Z	I	I	F	Q	V	T	G	Y	Z	R	L
X	A	Z	P	S	R	K	Y	X	C	Y	T	Y	A	K	O	Q	I	B
V	L	H	Z	Z	H	S	A	U	Y	I	T	F	X	S	O	W	W	Z
F	N	X	R	Q	E	C	Q	C	O	E	Z	L	G	Y	P	J	S	Q
C	H	Q	E	E	H	H	K	M	F	R	I	A	N	B	G	Z	Y	F
P	A	U	M	E	N	N	E	O	D	J	L	Z	U	J	N	L	N	J
Z	A	W	N	T	X	O	W	J	J	M	F	U	R	C	I	K	U	M
A	U	K	L	Y	D	R	C	J	B	L	S	B	P	P	N	B	X	K
B	H	G	K	E	G	C	W	K	O	P	L	A	S	S	O	B	P	D
B	S	E	J	K	C	H	B	V	G	C	K	E	I	M	Y	O	Q	M
J	K	W	O	J	Q	E	E	Y	W	L	Q	P	E	H	N	L	U	D
M	P	E	E	I	Y	L	R	D	S	G	P	H	R	T	A	L	J	D
G	S	R	I	V	A	N	R	X	V	L	S	C	D	V	C	Z	V	R
D	P	F	T	R	A	Z	W	O	D	X	J	N	T	J	E	Z	R	D
E	E	D	K	U	E	J	R	H	M	M	Y	M	P	H	A	D	L	O
J	E	O	V	Z	W	U	G	N	I	D	L	I	U	B	Y	D	O	B
P	R	P	A	U	H	N	G	A	S	P	D	P	H	R	A	K	Y	J
O	W	K	W	J	Z	Q	L	D	Q	O	L	W	D	J	Q	C	W	F
P	U	C	I	P	D	Q	S	K	K	Y	L	V	P	Q	P	U	Y	E
M	R	S	N	C	R	O	S	S	G	O	L	F	E	R	T	Z	B	A
V	F	N	D	N	B	O	B	J	Y	Q	U	I	D	D	I	T	C	H
S	U	B	A	N	P	M	E	H	Y	X	M	A	N	Z	U	M	J	K
J	O	U	D	U	J	J	J	O	L	U	D	O	Y	Z	K	I	Y	T
G	I	N	G	C	S	B	U	T	N	E	M	M	I	W	H	C	S	J

BODYBUILDING
CROSSGOLF
SPEERWURF
SCHNORCHELN
CANYONING

QUIDDITCH
BOB FAHREN
DREISPRUNG
SCHWIMMEN
JEU DE PAUME

Lösung

F	A	E	L	Y	X	O	Z	I	I	F	Q	V	T	G	Y	Z	R	L
X	A	Z	P	S	R	K	Y	X	C	Y	T	Y	A	K	O	Q	I	B
V	L	H	Z	Z	H	S	A	U	Y	I	T	F	X	S	O	W	W	Z
F	N	X	R	Q	E	C	Q	C	O	E	Z	L	G	Y	P	J	S	Q
C	H	Q	E	E	H	H	K	M	F	R	I	A	N	B	G	Z	Y	F
P	A	U	M	E	N	N	E	O	D	J	L	Z	U	J	N	L	N	J
Z	A	W	N	T	X	O	W	J	J	M	F	U	R	C	I	K	U	M
A	U	K	L	Y	D	R	C	J	B	L	S	B	P	P	N	B	X	K
B	H	G	K	E	G	C	W	K	O	P	L	A	S	S	O	B	P	D
B	S	E	J	K	C	H	B	V	G	C	K	E	I	M	Y	O	Q	M
J	K	W	O	J	Q	E	E	Y	W	L	Q	P	E	H	N	L	U	D
M	P	E	E	I	Y	L	R	D	S	G	P	H	R	T	A	L	J	D
G	S	R	I	V	A	N	R	X	V	L	S	C	D	V	C	Z	V	R
D	P	F	T	R	A	Z	W	O	D	X	J	N	T	J	E	Z	R	D
E	E	D	K	U	E	J	R	H	M	M	Y	M	P	H	A	D	L	O
J	E	O	V	Z	W	U	G	N	I	D	L	I	U	B	Y	D	O	B
P	R	P	A	U	H	N	G	A	S	P	D	P	H	R	A	K	Y	J
O	W	K	W	J	Z	Q	L	D	Q	O	L	W	D	J	Q	C	W	F
P	U	C	I	P	D	Q	S	K	K	Y	L	V	P	Q	P	U	Y	E
M	R	S	N	C	R	O	S	S	G	O	L	F	E	R	T	Z	B	A
V	F	N	D	N	B	O	B	J	Y	Q	U	I	D	D	I	T	C	H
S	U	B	A	N	P	M	E	H	Y	X	M	A	N	Z	U	M	J	K
J	O	U	D	U	J	J	J	O	L	U	D	O	Y	Z	K	I	Y	T
G	I	N	G	C	S	B	U	T	N	E	M	M	I	W	H	C	S	J

I	K	I	K	P	R	G	W	Z	R	W	K	F	N	A	Y	Y	T	B
W	Z	Y	Z	Q	R	O	B	K	Q	H	Q	G	Q	S	F	C	J	W
I	K	W	C	S	J	H	S	H	Q	U	W	S	E	T	J	E	B	R
D	R	W	L	U	S	T	Z	W	D	B	R	U	J	H	Y	A	I	X
N	Q	N	T	L	M	K	Z	J	T	T	K	B	N	E	E	J	A	H
W	R	O	E	J	A	M	A	K	L	O	I	O	J	C	H	N	T	S
I	H	E	T	N	T	B	X	N	R	M	O	X	G	S	J	N	H	N
X	X	K	T	U	O	O	Y	B	Q	I	Q	A	J	A	U	Q	L	C
Z	Z	O	D	T	H	N	B	E	F	L	T	N	N	M	Y	U	O	D
R	N	P	N	X	E	A	X	Q	L	I	E	G	L	F	Y	V	N	C
F	U	B	D	M	L	L	P	W	S	L	R	D	W	D	U	A	T	U
I	P	O	R	L	C	X	K	C	Q	L	O	W	R	N	I	Y	P	U
H	M	N	W	U	B	Y	H	N	B	C	F	V	H	S	C	E	R	B
L	E	K	E	D	L	T	K	G	I	L	Z	U	M	T	W	K	E	F
P	O	G	J	G	E	T	J	I	B	P	Z	G	C	O	L	V	N	F
K	A	G	E	N	I	J	R	K	P	L	L	B	N	I	Z	P	N	T
V	Y	L	N	H	U	K	Z	K	N	I	I	A	C	R	H	V	R	E
Y	A	I	S	P	I	L	A	T	E	S	B	C	Y	O	R	O	O	K
H	S	X	L	J	X	V	Z	D	K	F	X	T	N	K	S	Z	D	C
D	S	O	C	Q	Y	X	A	F	T	R	Y	F	V	Z	I	Y	E	I
A	N	E	F	R	E	W	S	U	K	S	I	D	C	H	V	U	L	R
J	O	Q	Y	O	B	A	M	Y	G	E	G	P	T	G	J	Y	N	C
K	D	C	U	T	W	S	P	N	A	J	C	L	O	R	L	Q	T	O
M	B	D	T	F	F	L	H	D	B	M	K	Z	C	K	B	T	X	C

CRICKET
GEHEN
VOLLEYBALL
TISCHTENNIS
ALPINKLETTERN

BIATHLON
PILATES
DISKUSWERFEN
KORBBALL
RENNRODELN

Lösung

I	K	I	K	P	R	G	W	Z	R	W	K	F	N	A	Y	Y	T	B
W	Z	Y	Z	Q	R	O	B	K	Q	H	Q	G	Q	S	F	C	J	W
I	K	W	C	S	J	H	S	H	Q	U	W	S	E	T	J	E	B	R
D	R	W	L	U	S	T	Z	W	D	B	R	U	J	H	Y	A	I	X
N	Q	N	T	L	M	K	Z	J	T	T	K	B	N	E	E	J	A	H
W	R	O	E	J	A	M	A	K	L	O	I	O	J	C	H	N	T	S
I	H	E	T	N	T	B	X	N	R	M	O	X	G	S	J	N	H	N
X	X	K	T	U	O	O	Y	B	Q	I	Q	A	J	A	U	Q	L	C
Z	Z	O	D	T	H	N	B	E	F	L	T	N	N	M	Y	U	O	D
R	N	P	N	X	E	A	X	Q	L	I	E	G	L	F	Y	V	N	C
F	U	B	D	M	L	L	P	W	S	L	R	D	W	D	U	A	T	U
I	P	O	R	L	C	X	K	C	Q	L	O	W	R	N	I	Y	P	U
H	M	N	W	U	B	Y	H	N	B	C	F	V	H	S	C	E	R	B
L	E	K	E	D	L	T	K	G	I	L	Z	U	M	T	W	K	E	F
P	O	G	J	G	E	T	J	I	B	P	Z	G	C	O	L	V	N	F
K	A	G	E	N	I	J	R	K	P	L	L	B	N	I	Z	P	N	T
V	Y	L	N	H	U	K	Z	K	N	I	I	A	C	R	H	V	R	E
Y	A	I	S	P	I	L	A	T	E	S	B	C	Y	O	R	O	O	K
H	S	X	L	J	X	V	Z	D	K	F	X	T	N	K	S	Z	D	C
D	S	O	C	Q	Y	X	A	F	T	R	Y	F	V	Z	I	Y	E	I
A	N	E	F	R	E	W	S	U	K	S	I	D	C	H	V	U	L	R
J	O	Q	Y	O	B	A	M	Y	G	E	G	P	T	G	J	Y	N	C
K	D	C	U	T	W	S	P	N	A	J	C	L	O	R	L	Q	T	O
M	B	D	T	F	F	L	H	D	B	M	K	Z	C	K	B	T	X	C

K K A P N O E T A U C H E N K W E I P
M W Y E W I Q S D I T H E K A I R O N
R T H B R I L I A G R U B D R W X H S
H K L R L H M A K W R S S S A A S N J
T E H O F C W Q W J I M F I T D U L O
S K R V S N X M P F U Z Z P E P Z X L
N M F W I G N I L T S E R W I H C G Y
R X P I A J T B U E R H O C D Y W D J
E G R H W B O W O O M N E S D O Y Q V
T Z F B A S E B A L L E T H J N H S E
T I F P M B L B N M B K F G O E C V T
E O C B W B Z G A S S Z D Z E I A A E
L C A T E A H G I L N V S C B H P O U
K U A N N V E R M I J W W O R L W N W
S V J Y C M F G S A I E R I T W P B D
I E I W F C D T F N A E L T K A G Z A
E R Y Q D U X Y D L A J J A Z W L B F
N B L D M X Q S T A O X Y W N E A H C
N X D K H M U E B K B G A Z A R A S V
C K V Z J R C I I L V F K O O M J D U
T E A X F C Z Z B E A C H S O C C E R
Q J D I E F G W N O Z U X O I U R X D
W U N U Q X C R J I Y W G Y P D W T X
S G W K W G C A D B J Z Q Q I N L D T

WRESTLING
DISKGOLF
APNOETAUCHEN
BASEBALL
KARATE

BEACHSOCCER
EISKLETTERN
WINDSURFING
AEROBICS
DDCFRISBEE

Lösung

K K A P N O E T A U C H E N K W E I P
M W Y E W I Q S D I T H E K A I R O N
R T H B R I L I A G R U B D R W X H S
H K L R L H M A K W R S S S A A S N J
T E H O F C W Q W J I M F I T D U L O
S K R V S N X M P F U Z Z P E P Z X L
N M F W I G N I L T S E R W I H C G Y
R X P I A J T B U E R H O C D Y W D J
E G R H W B O W O O M N E S D O Y Q V
T Z F B A S E B A L L E T H J N H S E
T I F P M B L B N M B K F G O E C V T
E O C B W B Z G A S S Z D Z E I A A E
L C A T E A H G I L N V S C B H P O U
K U A N N V E R M I J W W O R L W N W
S V J Y C M F G S A I E R I T W P B D
I E I W F C D T F N A E L T K A G Z A
E R Y Q D U X Y D L A J J A Z W L B F
N B L D M X Q S T A O X Y W N E A H C
N X D K H M U E B K B G A Z A R A S V
C K V Z J R C I I L V F K O O M J D U
T E A X F C Z Z B E A C H S O C C E R
Q J D I E F G W N O Z U X O I U R X D
W U N U Q X C R J I Y W G Y P D W T X
S G W K W G C A D B J Z Q Q I N L D T

S	W	C	N	V	C	I	W	A	L	R	V	F	L	H	X	B	I	Z
L	Q	F	E	Q	K	U	A	Q	U	U	H	U	R	P	R	O	U	M
S	P	M	G	G	M	G	Z	E	I	B	X	L	M	T	Z	A	X	T
U	G	O	N	B	B	F	Z	T	N	G	M	W	D	P	X	Q	R	D
D	E	Y	I	L	O	A	Q	M	Q	I	M	O	K	A	Q	O	B	G
H	S	E	R	N	C	K	Z	G	K	X	Q	P	R	N	P	D	A	E
C	L	K	P	R	C	L	X	T	U	N	Z	M	Z	S	A	A	L	J
N	E	C	S	T	I	W	Q	L	X	W	D	C	L	H	R	W	L	E
G	K	O	M	E	A	P	R	O	Z	R	S	E	I	O	A	V	E	L
Y	G	H	R	B	W	A	E	C	U	N	M	L	U	E	D	A	T	Y
N	B	R	I	I	A	K	R	E	R	R	C	T	D	H	B	W	U	K
P	D	I	H	S	I	N	C	R	O	N	J	N	H	L	A	Q	T	O
F	I	A	C	W	I	K	U	F	T	E	T	W	F	E	L	Y	E	B
B	E	R	S	S	E	O	Y	H	X	D	W	U	U	N	L	S	C	U
E	R	J	L	N	K	W	Q	M	E	Y	V	P	S	W	A	A	W	X
Y	E	M	L	X	X	H	X	U	X	V	H	S	B	A	A	A	I	C
H	N	O	A	I	S	G	K	L	N	L	S	G	R	N	M	P	A	A
B	K	N	F	G	T	Y	B	K	C	W	U	A	Q	D	K	J	M	F
W	L	O	P	P	Z	Z	D	R	W	N	B	R	Z	E	G	F	N	Y
Q	A	S	D	B	C	D	N	V	J	X	E	J	Q	R	B	T	Z	B
X	F	K	E	R	L	N	Y	J	Z	R	O	B	U	N	D	J	V	W
P	B	I	D	K	O	Q	W	N	T	S	R	O	I	F	Z	G	G	P
C	D	T	Q	J	P	R	S	T	N	G	S	C	V	P	P	J	B	H
N	P	T	Z	D	B	E	O	V	I	F	Q	F	F	N	U	J	J	C

HOEHLENWANDERN
AIRHOCKEY
BALLET
RADBALL
BOCCIA

FALLSCHIRMSPRINGEN
MONOSKI
FORMELSPORT
FALKNEREI
ARMDRUECKEN

Lösung

S W C N V C I W A L R V F L H X B I Z
L Q F E Q K U A Q U U H U R P R O U M
S P M G G M G Z E I B X L M T Z A X T
U G O N B B F Z T N G M W D P X Q R D
D E Y I L O A Q M Q I M O K A Q O B G
H S E R N C K Z G K X Q P R N P D A E
C L K P R C L X T U N Z M Z S A A L J
N E C S T I W Q L X W D C L H R W L E
G K O M E A P R O Z R S E I O A V E L
Y G H R B W A E C U N M L U E D A T Y
N B R I I A K R E R R C T D H B W U K
P D I H S I N C R O N J N H L A Q T O
F I A C W I K U F T E T W F E L Y E B
B E R S S E O Y H X D W U U N L S C U
E R J L N K W Q M E Y V P S W A A W X
Y E M L X X H X U X V H S B A A A I C
H N O A I S G K L N L S G R N M P A A
B K N F G T Y B K C W U A Q D K J M F
W L O P P Z Z D R W N B R Z E G F N Y
Q A S D B C D N V J X E J Q R B T Z B
X F K E R L N Y J Z R O B U N D J V W
P B I D K O Q W N T S R O I F Z G G P
C D T Q J P R S T N G S C V P P J B H
N P T Z D B E O V I F Q F F N U J J C

O	T	C	Q	Q	H	N	T	G	S	O	C	F	R	H	X	O	A	S
H	E	S	O	J	S	P	P	V	Y	B	X	O	G	V	Z	X	D	X
I	S	J	X	G	C	C	L	S	O	R	L	F	H	S	T	F	J	K
T	S	R	K	P	I	Z	A	U	C	L	L	Y	N	W	L	Z	C	S
F	L	T	K	R	L	P	L	M	K	R	E	B	E	P	Y	M	K	O
N	F	I	N	B	X	D	R	U	M	K	J	R	G	M	I	I	E	M
S	Z	O	Y	F	E	O	N	D	C	G	F	U	Q	G	S	E	V	Y
T	X	L	W	R	A	S	Q	O	D	E	K	H	Y	P	Q	D	R	Y
R	O	L	N	D	T	D	H	J	N	M	M	H	R	G	O	P	K	F
O	O	I	U	L	Q	D	L	O	P	X	Z	I	J	I	G	M	F	K
N	E	Z	A	Y	A	M	Q	X	S	L	N	V	Y	O	C	B	V	S
G	R	U	U	R	L	Y	E	J	S	G	R	H	M	O	N	C	N	I
M	F	M	N	V	K	J	D	R	E	G	K	E	Q	E	U	X	B	N
A	W	I	D	A	U	T	I	N	T	O	P	W	Z	Z	S	I	F	N
N	E	M	U	M	G	Y	S	L	S	Q	T	Y	R	F	V	D	P	E
D	J	Q	O	V	A	C	D	S	N	N	H	Q	D	A	X	G	S	T
X	K	H	K	U	B	R	A	X	Z	T	G	U	X	U	I	A	G	E
U	Y	G	L	G	N	P	A	T	Z	B	O	S	Z	H	A	S	K	L
L	G	Q	G	W	L	T	Z	T	S	M	B	S	U	Y	A	V	N	D
N	T	F	D	M	Y	X	A	N	H	Q	Y	R	J	W	B	L	X	D
C	V	R	G	A	W	P	A	I	E	O	G	Y	P	P	S	I	T	A
B	S	C	I	B	O	R	E	A	N	C	N	L	L	B	Y	O	E	P
S	H	X	B	C	A	U	H	X	S	H	X	M	M	O	C	Z	P	L
Z	G	Z	J	C	E	Q	B	I	K	I	N	G	N	D	X	J	T	O

SKISPRINGEN
AXTWERFEN
MOUNTAIN BIKING
BOULDERN
ROLLKUNSTLAUF
STRONGMAN
MARATHON
AEROBICS
EINRADHOCKEY
PADDLETENNIS

Lösung

O	T	C	Q	Q	H	N	T	G	S	O	C	F	R	H	X	O	A	S
H	E	S	O	J	S	P	P	V	Y	B	X	O	G	V	Z	X	D	X
I	S	J	X	G	C	C	L	S	O	R	L	F	H	S	T	F	J	K
T	S	R	K	P	I	Z	A	U	C	L	L	Y	N	W	L	Z	C	S
F	L	T	K	R	L	P	L	M	K	R	E	B	E	P	Y	M	K	O
N	F	I	N	B	X	D	R	U	M	K	J	R	G	M	I	I	E	M
S	Z	O	Y	F	E	O	N	D	C	G	F	U	Q	G	S	E	V	Y
T	X	L	W	R	A	S	Q	O	D	E	K	H	Y	P	Q	D	R	Y
R	O	L	N	D	T	D	H	J	N	M	M	H	R	G	O	P	K	F
O	O	I	U	L	Q	D	L	O	P	X	Z	I	J	I	G	M	F	K
N	E	Z	A	Y	A	M	Q	X	S	L	N	V	Y	O	C	B	V	S
G	R	U	U	R	L	Y	E	J	S	G	R	H	M	O	N	C	N	I
M	F	M	N	V	K	J	D	R	E	G	K	E	Q	E	U	X	B	N
A	W	I	D	A	U	T	I	N	T	O	P	W	Z	Z	S	I	F	N
N	E	M	U	M	G	Y	S	L	S	Q	T	Y	R	F	V	D	P	E
D	J	Q	O	V	A	C	D	S	N	N	H	Q	D	A	X	G	S	T
X	K	H	K	U	B	R	A	X	Z	T	G	U	X	U	I	A	G	E
U	Y	G	L	G	N	P	A	T	Z	B	O	S	Z	H	A	S	K	L
L	G	Q	G	W	L	T	Z	T	S	M	B	S	U	Y	A	V	N	D
N	T	F	D	M	Y	X	A	N	H	Q	Y	R	J	W	B	L	X	D
C	V	R	G	A	W	P	A	I	E	O	G	Y	P	P	S	I	T	A
B	S	C	I	B	O	R	E	A	N	C	N	L	L	B	Y	O	E	P
S	H	X	B	C	A	U	H	X	S	H	X	M	M	O	C	Z	P	L
Z	G	Z	J	C	E	Q	B	I	K	I	N	G	N	D	X	J	T	O

A	C	Z	A	W	J	Q	C	Z	L	Y	M	A	X	P	D	D	T	L
J	W	B	E	H	L	E	M	P	P	M	T	L	W	X	P	B	H	I
S	E	A	M	K	A	Z	C	E	C	G	R	A	Q	T	U	Q	T	A
T	W	N	S	O	N	D	C	P	D	D	S	C	N	F	K	L	J	A
V	K	D	Y	S	L	M	Q	K	V	O	Z	R	B	J	K	R	W	K
Y	Z	I	T	R	E	O	U	X	N	N	S	O	D	V	D	K	O	G
V	R	J	U	M	N	R	P	C	P	R	N	S	Y	A	H	G	R	O
T	P	R	P	M	N	D	B	R	L	E	R	S	S	K	P	C	Z	D
L	P	W	T	H	E	Y	T	A	E	J	M	E	Q	L	J	N	V	F
C	H	Z	I	Z	N	U	V	O	L	T	F	C	A	P	S	E	D	Y
E	V	P	W	V	V	M	B	E	V	L	A	E	T	F	Q	K	B	T
S	P	A	O	N	B	M	A	W	J	N	E	W	M	E	S	A	U	Q
R	D	Q	R	E	I	A	L	J	A	H	Y	T	E	R	E	C	N	U
D	E	H	O	R	C	K	S	I	L	C	G	I	T	D	G	R	U	R
C	O	Q	H	R	T	O	B	E	L	T	H	O	A	E	E	Q	D	L
Y	H	R	U	A	T	R	F	Y	J	T	M	B	K	R	L	K	K	Y
G	S	V	P	B	X	Y	K	O	Q	U	T	A	S	E	N	S	L	G
X	Z	L	B	K	A	P	M	Y	R	V	M	E	W	N	X	K	Y	X
Y	M	N	L	E	D	O	R	Z	X	T	Q	P	U	N	Z	Q	O	B
P	H	S	Y	V	S	Y	V	M	I	D	R	W	I	E	Y	R	N	B
R	C	S	O	E	H	I	H	B	K	N	M	H	Q	N	C	P	R	D
L	S	Q	U	A	S	H	Q	Q	O	Y	V	N	V	W	G	V	H	H
R	I	U	Q	V	J	Q	Q	R	S	L	J	I	V	Z	M	E	D	L
S	U	T	V	U	X	V	T	Y	O	A	H	Y	N	L	M	X	S	E

LACROSSE
WATERPOLO
SKAT
SQUASH
BARREN

BASEJUMPING
WASSERBALLET
RODELN
PFERDERENNEN
SEGELN

Lösung

A	C	Z	A	W	J	Q	C	Z	L	Y	M	A	X	P	D	D	T	L
J	W	B	E	H	L	E	M	P	P	M	T	L	W	X	P	B	H	I
S	E	A	M	K	A	Z	C	E	C	G	R	A	Q	T	U	Q	T	A
T	W	N	S	O	N	D	C	P	D	D	S	C	N	F	K	L	J	A
V	K	D	Y	S	L	M	Q	K	V	O	Z	R	B	J	K	R	W	K
Y	Z	I	T	R	E	O	U	X	N	N	S	O	D	V	D	K	O	G
V	R	J	U	M	N	R	P	C	P	R	N	S	Y	A	H	G	R	O
T	P	R	P	M	N	D	B	R	L	E	R	S	S	K	P	C	Z	D
L	P	W	T	H	E	Y	T	A	E	J	M	E	Q	L	J	N	V	F
C	H	Z	I	Z	N	U	V	O	L	T	F	C	A	P	S	E	D	Y
E	V	P	W	V	V	M	B	E	V	L	A	E	T	F	Q	K	B	T
S	P	A	O	N	B	M	A	W	J	N	E	W	M	E	S	A	U	Q
R	D	Q	R	E	I	A	L	J	A	H	Y	T	E	R	E	C	N	U
D	E	H	O	R	C	K	S	I	L	C	G	I	T	D	G	R	U	R
C	O	Q	H	R	T	O	B	E	L	T	H	O	A	E	E	Q	D	L
Y	H	R	U	A	T	R	F	Y	J	T	M	B	K	R	L	K	K	Y
G	S	V	P	B	X	Y	K	O	Q	U	T	A	S	E	N	S	L	G
X	Z	L	B	K	A	P	M	Y	R	V	M	E	W	N	X	K	Y	X
Y	M	N	L	E	D	O	R	Z	X	T	Q	P	U	N	Z	Q	O	B
P	H	S	Y	V	S	Y	V	M	I	D	R	W	I	E	Y	R	N	B
R	C	S	O	E	H	I	H	B	K	N	M	H	Q	N	C	P	R	D
L	S	Q	U	A	S	H	Q	Q	O	Y	V	N	V	W	G	V	H	H
R	I	U	Q	V	J	Q	Q	R	S	L	J	I	V	Z	M	E	D	L
S	U	T	V	U	X	V	T	Y	O	A	H	Y	N	L	M	X	S	E

M	R	A	T	U	C	N	H	W	T	O	T	S	P	Q	K	T	D	Y
Y	V	O	A	M	Y	C	O	I	Z	L	O	V	D	A	M	T	F	Z
L	K	Z	J	Y	G	L	I	K	L	F	M	L	G	M	X	J	S	X
H	R	S	F	T	I	P	E	J	R	O	G	U	O	M	S	G	S	S
N	R	L	N	A	C	I	R	E	M	A	E	T	Q	P	Y	Q	P	D
I	Y	E	A	H	B	I	C	Z	E	R	D	R	O	W	Y	H	Y	R
A	G	G	H	R	P	N	O	V	L	P	A	O	H	P	C	F	U	R
M	H	U	L	F	U	R	E	B	Z	X	E	P	D	I	P	Y	H	E
G	G	T	H	B	O	U	M	S	R	D	C	S	R	U	X	T	Q	E
S	E	N	I	V	U	T	G	U	S	Y	H	D	A	Z	R	A	T	I
G	Q	O	I	I	D	Y	W	V	N	F	N	A	L	B	W	L	Q	S
V	N	H	L	T	D	Z	I	K	O	S	I	R	L	X	B	B	J	R
P	Y	L	A	F	I	J	G	V	R	Q	S	R	I	Z	U	W	Q	I
T	G	H	L	N	M	U	V	Q	D	S	S	O	B	T	W	O	D	C
B	Q	D	T	R	D	S	S	O	I	O	P	T	L	S	L	J	Y	V
C	K	H	X	M	V	B	W	D	C	I	O	O	O	Y	T	V	U	F
Y	L	M	E	T	Y	Y	A	D	N	H	R	M	O	F	R	O	C	J
W	J	X	J	P	U	G	X	L	Y	I	T	X	P	Z	H	U	Q	H
X	O	E	X	R	O	T	L	W	L	A	W	B	E	U	E	X	L	A
E	Y	G	Y	M	N	A	S	T	I	C	Z	X	N	E	G	N	I	R
O	W	A	L	K	I	N	G	B	P	L	D	S	U	Q	O	H	V	Z
X	B	Y	Z	P	B	S	P	G	F	T	E	C	O	Q	A	T	E	U
S	L	V	D	M	F	K	D	A	R	T	S	I	F	P	G	X	L	W
E	W	N	L	U	N	A	D	V	W	F	B	P	E	Q	H	U	J	O

MOTORRADSPORT
DARTS
POLO
WINDSUITING
AMERICAN HANDBALL

NORDIC WALKING
GEDAECHNISSPORT
POOLBILLARD
GYMNASTIC
RINGEN

Lösung

M R A T U C N H W T O T S P Q K T D Y

Y V O A M Y C O I Z L O V D A M T F Z

L K Z J Y G L I K L F M L G M X J S X

H R S F T I P E J R O G U O M S G S S

N R L N A C I R E M A E T Q P Y Q P D

I Y E A H B I C Z E R D R O W Y H Y R

A G G H R P N O V L P A O H P C F U R

M H U L F U R E B Z X E P D I P Y H E

G G T H B O U M S R D C S R U X T Q E

S E N I V U T G U S Y H D A Z R A T I

G Q O I I D Y W V N F N A L B W L Q S

V N H L T D Z I K O S I R L X B B J R

P Y L A F I J G V R Q S R I Z U W Q I

T G H L N M U V Q D S S O B T W O D C

B Q D T R D S S O I O P T L S L J Y V

C K H X M V B W D C I O O O Y T V U F

Y L M E T Y Y A D N H R M O F R O C J

W J X J P U G X L Y I T X P Z H U Q H

X O E X R O T L W L A W B E U E X L A

E Y G Y M N A S T I C Z X N E G N I R

O W A L K I N G B P L D S U Q O H V Z

X B Y Z P B S P G F T E C O Q A T E U

S L V D M F K D A R T S I F P G X L W

E W N L U N A D V W F B P E Q H U J O

N	R	P	O	K	I	O	J	S	P	B	M	W	R	K	I	T	K	L
H	I	G	N	Q	L	K	F	O	D	T	P	T	O	A	R	T	K	M
U	R	G	R	C	N	X	H	M	L	P	F	D	K	K	R	W	D	U
Z	A	J	U	Q	K	I	B	P	L	J	B	X	T	L	A	E	R	S
N	U	F	N	X	D	W	R	A	I	Y	V	B	Y	C	Z	H	B	C
Q	A	R	M	M	U	H	W	T	H	Y	X	G	W	X	Z	E	S	D
E	Q	Q	I	H	Z	C	D	N	N	J	Q	B	F	N	G	I	A	L
X	D	A	R	Z	F	C	Q	M	W	I	G	S	J	G	T	E	G	R
F	P	U	K	A	R	A	M	B	O	L	A	G	E	B	P	F	Q	I
W	L	E	L	G	W	F	E	L	D	H	O	C	K	E	Y	W	W	B
T	J	N	P	N	E	R	H	A	F	U	N	A	K	O	L	A	E	D
H	O	C	H	S	P	R	U	N	G	L	T	C	O	S	L	Y	K	D
J	X	S	U	E	E	S	H	R	I	Z	S	J	P	Q	T	G	J	T
J	G	K	F	U	N	T	W	W	B	J	Y	M	U	I	G	A	L	E
F	E	V	I	P	W	Q	S	S	G	B	T	V	U	B	R	R	B	N
I	D	J	J	C	R	H	B	H	R	R	R	X	A	M	J	T	Y	N
X	P	X	I	F	K	A	V	Q	E	H	Z	T	Y	S	F	M	X	I
J	P	Q	H	I	A	E	V	V	T	P	O	K	E	R	K	X	U	S
X	V	F	Q	W	N	I	R	W	R	B	E	I	G	C	V	U	K	K
G	R	U	N	H	S	C	V	H	F	B	L	W	W	A	D	H	V	I
R	P	F	E	J	N	E	K	C	E	U	R	D	K	N	A	B	U	C
L	T	P	H	K	N	E	G	E	I	L	F	L	E	G	E	S	B	J
Y	B	Y	S	Q	Q	X	E	L	P	H	L	G	R	B	E	E	N	K
L	C	Z	U	R	M	S	S	X	S	L	T	G	P	S	I	W	Z	K

11

FELDHOCKEY
POKER
KARAMBOLAGE
SEGELFLIEGEN
TENNIS

HOCHSPRUNG
KICKER
KANUFAHREN
DOWNHILL
BANKDRUECKEN

Lösung

N	R	P	O	K	I	O	J	S	P	B	M	W	R	K	I	T	K	L
H	I	G	N	Q	L	K	F	O	D	T	P	T	O	A	R	T	K	M
U	R	G	R	C	N	X	H	M	L	P	F	D	K	K	R	W	D	U
Z	A	J	U	Q	K	I	B	P	L	J	B	X	T	L	A	E	R	S
N	U	F	N	X	D	W	R	A	I	Y	V	B	Y	C	Z	H	B	C
Q	A	R	M	M	U	H	W	T	H	Y	X	G	W	X	Z	E	S	D
E	Q	Q	I	H	Z	C	D	N	N	J	Q	B	F	N	G	I	A	L
X	D	A	R	Z	F	C	Q	M	W	I	G	S	J	G	T	E	G	R
F	P	U	K	A	R	A	M	B	O	L	A	G	E	B	P	F	Q	I
W	L	E	L	G	W	F	E	L	D	H	O	C	K	E	Y	W	W	B
T	J	N	P	N	E	R	H	A	F	U	N	A	K	O	L	A	E	D
H	O	C	H	S	P	R	U	N	G	L	T	C	O	S	L	Y	K	D
J	X	S	U	E	E	S	H	R	I	Z	S	J	P	Q	T	G	J	T
J	G	K	F	U	N	T	W	W	B	J	Y	M	U	I	G	A	L	E
F	E	V	I	P	W	Q	S	S	G	B	T	V	U	B	R	R	B	N
I	D	J	J	C	R	H	B	H	R	R	R	X	A	M	J	T	Y	N
X	P	X	I	F	K	A	V	Q	E	H	Z	T	Y	S	F	M	X	I
J	P	Q	H	I	A	E	V	V	T	P	O	K	E	R	K	X	U	S
X	V	F	Q	W	N	I	R	W	R	B	E	I	G	C	V	U	K	K
G	R	U	N	H	S	C	V	H	F	B	L	W	W	A	D	H	V	I
R	P	F	E	J	N	E	K	C	E	U	R	D	K	N	A	B	U	C
L	T	P	H	K	N	E	G	E	I	L	F	L	E	G	E	S	B	J
Y	B	Y	S	Q	Q	X	E	L	P	H	L	G	R	B	E	E	N	K
L	C	Z	U	R	M	S	S	X	S	L	T	G	P	S	I	W	Z	K

Q	E	N	L	M	D	V	V	Y	D	D	V	K	E	Z	K	I	Q	O
M	H	R	R	B	B	C	E	M	S	T	T	P	V	Q	N	G	E	D
Y	Q	X	O	O	P	E	I	T	R	T	I	W	X	O	I	N	K	O
P	R	L	U	K	A	C	E	W	Z	I	R	S	C	D	U	I	W	T
J	D	L	Q	R	W	K	D	I	L	T	C	F	P	S	R	L	I	I
S	E	B	A	D	M	I	N	T	O	N	Q	O	E	R	H	R	J	S
S	E	O	K	R	K	B	M	F	R	W	D	I	L	O	L	U	S	B
F	L	V	D	B	G	N	L	D	T	B	J	S	H	D	Z	C	H	Q
U	F	Q	C	A	U	L	B	O	T	K	W	I	Z	M	O	C	N	K
P	P	H	Y	M	E	S	M	U	J	K	E	T	D	S	A	I	A	Q
P	W	H	L	L	T	C	V	H	H	U	A	U	D	V	U	O	G	S
X	T	B	Q	B	F	C	F	Z	K	N	N	R	R	T	A	B	L	O
D	T	A	S	U	H	D	U	U	K	J	R	R	T	O	Q	C	F	S
N	E	R	H	A	F	D	A	R	R	H	A	F	E	S	E	N	S	R
Z	L	L	B	O	V	D	D	T	A	X	I	Y	H	D	P	H	T	U
A	U	E	Q	B	M	B	K	T	C	L	M	Y	E	L	U	O	B	V
N	E	F	U	A	L	H	U	H	C	S	L	L	O	R	F	R	R	Z
E	D	D	Z	I	V	X	Y	L	Q	B	O	J	A	X	N	D	N	T
D	E	O	U	B	S	I	P	Y	J	H	K	Y	M	W	Y	F	V	E
Q	H	I	D	L	F	O	C	H	S	R	Q	P	C	W	Z	F	C	G
Z	M	K	M	Z	C	W	R	N	F	B	D	E	S	A	X	O	K	U
I	Y	F	Z	I	X	K	G	I	C	A	N	L	B	W	V	R	J	G
A	B	N	T	A	U	C	H	E	N	Y	E	K	C	O	H	S	I	E
R	E	G	A	T	K	W	J	V	H	R	L	W	K	R	W	U	S	I

12

ROLLSCHUHLAUFEN
EISHOCKEY
CURLING
BADMINTON
FAHRRADFAHREN

KARTSPORT
RUDERN
TAUCHEN
GO
BOULES

Lösung

Q E N L M D V V Y D D V K E Z K I Q O
M H R R B B C E M S T T P V Q N G E D
Y Q X O O P E I T R T I W X O I N K O
P R L U K A C E W Z I R S C D U I W T
J D L Q R W K D I L T C F P S R L I I
S E B A D M I N T O N Q O E R H R J S
S E O K R K B M F R W D I L O L U S B
F L V D B G N L D T B J S H D Z C H Q
U F Q C A U L B O T K W I Z M O C N K
P P H Y M E S M U J K E T D S A I A Q
P W H L L T C V H H U A U D V U O G S
X T B Q B F C F Z K N N R R T A B L O
D T A S U H D U U K J R R T O Q C F S
N E R H A F D A R R H A F E S E N S R
Z L L B O V D D T A X I Y H D P H T U
A U E Q B M B K T C L M Y E L U O B V
N E F U A L H U H C S L L O R F R R Z
E D D Z I V X Y L Q B O J A X N D N T
D E O U B S I P Y J H K Y M W Y F V E
Q H I D L F O C H S R Q P C W Z F C G
Z M K M Z C W R N F B D E S A X O K U
I Y F Z I X K G I C A N L B W V R J G
A B N T A U C H E N Y E K C O H S I E
R E G A T K W J V H R L W K R W U S I

J M J U P A A H B Y N P A S O L M Z C
B F U S S B A L L O O X E S W C H Y F
Y X S L A C K L I N E I Q N K D U S Z
P Q X Y T G G L G C L H D F U R S J S
Y S I V H Y X S E S W Q D D W Y M B F
Z M P O E Q I W P T V P U B C L X U L
J M K T P Y F R C Q N D L L A F A S P
B I R Y N S I M R L O I O U D L H S O
C K C S A N T F L E P Z T O L Y C K C
S O F O G D S K Q G Y O G E F Q C Q A
B V O E A E S U E X B B F J B G Y W S
N O N D W U V D G A S F A J D V C M S
N N S E V Q Z G L N A T D T C P L I J
Y E L U F E B L M T I N W H Y M O T R
K U F G F J O B S O F K M F A B C P V
Z O H U R V Z Q Q S Z E A L K A R E N
Y X I M A U Y V H B V C M Y C K O A B
W O V J N L U P F C L W P D A B S U O
N M K X P K N L P J S I Y R U K S G L
N Q S Y G L V E F W S Q F P W Z P Y X
V M N E Z S B Z G Z C F S Y C I N M T
O D U J S Y P V S O O I X Z B O N N Z
M Q W M B Z V W M U B R T X G V G B E
S T V P I C P T R O P S N N E R D A R

13

AUTOBALL
BOGENLAUFEN
CYCLOCROSS
FUSSBALL
SEILSPRINGEN
RADRENNSPORT
SLACKLINE
STAFFELLAUF
JUDO
KAYAKING

Lösung

J	M	J	U	P	A	A	H	B	Y	N	P	A	S	O	L	M	Z	C
B	F	U	S	S	B	A	L	L	O	O	X	E	S	W	C	H	Y	F
Y	X	S	L	A	C	K	L	I	N	E	I	Q	N	K	D	U	S	Z
P	Q	X	Y	T	G	G	L	G	C	L	H	D	F	U	R	S	J	S
Y	S	I	V	H	Y	X	S	E	S	W	Q	D	D	W	Y	M	B	F
Z	M	P	O	E	Q	I	W	P	T	V	P	U	B	C	L	X	U	L
J	M	K	T	P	Y	F	R	C	Q	N	D	L	L	A	F	A	S	P
B	I	R	Y	N	S	I	M	R	L	O	I	O	U	D	L	H	S	O
C	K	C	S	A	N	T	F	L	E	P	Z	T	O	L	Y	C	K	C
S	O	F	O	G	D	S	K	Q	G	Y	O	G	E	F	Q	C	Q	A
B	V	O	E	A	E	S	U	E	X	B	B	F	J	B	G	Y	W	S
N	O	N	D	W	U	V	D	G	A	S	F	A	J	D	V	C	M	S
N	N	S	E	V	Q	Z	G	L	N	A	T	D	T	C	P	L	I	J
Y	E	L	U	F	E	B	L	M	T	I	N	W	H	Y	M	O	T	R
K	U	F	G	F	J	O	B	S	O	F	K	M	F	A	B	C	P	V
Z	O	H	U	R	V	Z	Q	Q	S	Z	E	A	L	K	A	R	E	N
Y	X	I	M	A	U	Y	V	H	B	V	C	M	Y	C	K	O	A	B
W	O	V	J	N	L	U	P	F	C	L	W	P	D	A	B	S	U	O
N	M	K	X	P	K	N	L	P	J	S	I	Y	R	U	K	S	G	L
N	Q	S	Y	G	L	V	E	F	W	S	Q	F	P	W	Z	P	Y	X
V	M	N	E	Z	S	B	Z	G	Z	C	F	S	Y	C	I	N	M	T
O	D	U	J	S	Y	P	V	S	O	O	I	X	Z	B	O	N	N	Z
M	Q	W	M	B	Z	V	W	M	U	B	R	T	X	G	V	G	B	E
S	T	V	P	I	C	P	T	R	O	P	S	N	N	E	R	D	A	R

O	C	N	V	U	F	G	V	O	H	L	N	L	Y	A	G	S	I	C
E	E	F	E	Q	S	O	O	A	H	E	C	B	K	Y	I	B	A	G
Q	C	P	S	P	K	W	K	J	N	U	F	O	G	I	W	D	E	C
R	K	X	X	Z	H	N	W	W	J	X	S	E	X	U	I	N	V	Z
J	F	Y	T	G	J	F	V	X	W	S	D	Z	P	D	Z	V	A	O
I	D	R	F	U	P	G	P	G	C	R	O	U	V	C	U	Q	A	Q
H	Z	Q	C	A	Q	U	A	T	H	L	O	N	K	B	V	A	F	B
F	L	H	W	R	G	Y	U	S	X	D	L	O	I	W	X	P	H	V
L	D	A	G	V	Y	G	N	I	D	A	E	L	R	E	E	H	C	R
Q	C	N	N	Y	N	X	S	C	J	V	L	W	X	T	T	N	M	U
B	C	B	R	M	D	C	Z	Z	V	I	K	L	E	T	T	E	R	N
O	Q	O	O	U	K	I	W	W	A	G	V	K	I	I	J	N	C	P
U	Z	W	I	X	V	E	W	R	S	K	I	A	B	F	A	H	R	T
Y	A	C	F	L	E	A	D	U	H	S	Q	R	G	D	Q	X	G	C
R	A	O	K	K	T	N	R	J	N	L	U	I	R	O	S	C	W	A
P	P	E	E	V	E	A	V	O	Z	O	W	A	Q	O	F	K	Q	O
Q	W	W	K	T	N	Y	S	J	K	W	C	S	K	P	R	A	J	V
E	D	S	C	H	A	C	H	R	C	H	M	X	U	A	K	R	X	Q
V	U	M	F	A	W	H	A	M	E	E	Y	D	Z	Q	U	Z	Q	H
B	F	L	V	X	V	P	S	N	Y	R	E	B	F	C	J	O	N	Z
B	H	Q	M	B	D	J	B	Z	D	N	F	K	G	S	I	S	X	O
B	J	F	N	Z	Z	O	V	F	G	F	D	O	U	U	C	E	W	V
Y	M	O	B	O	O	C	M	Z	B	V	Z	M	X	C	R	E	K	T
X	S	L	C	T	R	D	R	P	R	F	C	D	R	X	B	J	Y	E

RUGBY
CHEERLEADING
BILLIARD
BOXEN
SCHACH

SKIABFAHRT
AQUATHLON
DRACHENBOOT
KLETTERN
PARKOUR

Lösung

O C N V U F G V O H L N L Y A G S I C

E E F E Q S O O A H E C B K Y I B A G

Q C P S P K W K J N U F O G I W D E C

R K X X Z H N W W J X S E X U I N V Z

J F Y T G J F V X W S D Z P D Z V A O

I D R F U P G P G C R O U V C U Q A Q

H Z Q C A Q U A T H L O N K B V A F B

F L H W R G Y U S X D L O I W X P H V

L D A G V Y G N I D A E L R E E H C R

Q C N N Y N X S C J V L W X T T N M U

B C B R M D C Z Z V I K L E T T E R N

O Q O O U K I W W A G V K I I J N C P

U Z W I X V E W R S K I A B F A H R T

Y A C F L E A D U H S Q R G D Q X G C

R A O K K T N R J N L U I R O S C W A

P P E E V E A V O Z O W A Q O F K Q O

Q W W K T N Y S J K W C S K P R A J V

E D S C H A C H R C H M X U A K R X Q

V U M F A W H A M E E Y D Z Q U Z Q H

B F L V X V P S N Y R E B F C J O N Z

B H Q M B D J B Z D N F K G S I S X O

B J F N Z Z O V F G F D O U U C E W V

Y M O B O O C M Z B V Z M X C R E K T

X S L C T R D R P R F C D R X B J Y E

J	H	E	C	E	J	B	Z	H	Z	C	C	B	U	T	V	B	U	M
K	U	S	H	F	U	J	N	I	T	B	R	H	C	A	N	R	L	I
E	D	M	W	H	E	T	R	S	S	R	Z	P	C	G	C	H	F	N
N	Y	W	P	A	W	A	L	K	X	I	J	Z	Z	D	F	A	V	I
I	G	M	K	I	N	I	M	Y	J	B	I	G	B	D	X	M	C	G
J	B	U	V	I	N	D	B	G	R	O	W	D	J	V	I	M	W	O
C	O	H	P	B	V	G	E	E	R	W	R	W	D	G	J	E	S	L
L	G	U	C	V	G	O	W	R	K	B	P	K	E	L	A	R	U	F
F	I	S	C	H	E	N	G	S	N	Z	X	F	Q	X	A	W	R	V
M	E	X	B	U	N	G	E	E	V	R	L	Z	V	S	V	E	F	Q
K	O	B	H	Y	O	X	M	U	U	B	X	M	Y	Y	H	R	I	M
X	Y	X	M	P	R	Z	B	O	Z	W	X	N	S	F	E	F	N	B
A	H	J	L	G	R	O	A	E	C	S	I	O	W	R	D	E	G	Y
D	O	W	C	Q	G	M	D	Q	V	T	S	K	N	R	L	N	G	R
X	M	H	A	K	V	U	D	E	Q	P	I	U	A	X	D	N	D	X
N	C	C	L	M	Q	U	N	E	O	T	Z	O	U	M	Y	V	V	H
K	L	W	O	H	B	O	N	F	A	E	B	P	Y	U	K	U	L	P
Y	D	O	W	P	Z	M	R	B	Y	E	E	X	S	G	Z	D	N	K
G	G	F	R	Q	Q	W	O	S	T	E	H	F	S	I	X	C	F	E
W	D	R	U	B	Z	R	B	A	B	K	E	A	R	O	K	S	Y	L
F	A	O	B	L	K	N	K	S	M	L	J	V	T	O	W	C	H	T
N	A	S	R	A	M	S	I	B	J	T	S	T	T	Q	T	I	V	B
U	A	H	K	E	L	R	Q	M	Q	J	A	E	H	B	W	F	U	H
Q	B	S	U	S	F	F	A	L	K	Q	D	P	N	R	X	Y	H	W

15

MINIGOLF
SURFING
RODEO
FRISBEE
WANDERN

FISCHEN
SKATEBOARD
BUNGEE JUMPING
AKROBATIK
HAMMERWERFEN

Lösung

J H E C E J B Z H Z C C B U T V B U M
K U S H F U J N I T B R H C A N R L I
E D M W H E T R S S R Z P C G C H F N
N Y W P A W A L K X I J Z Z D F A V I
I G M K I N I M Y J B I G B D X M C G
J B U V I N D B G R O W D J V I M W O
C O H P B V G E E R W R W D G J E S L
L G U C V G O W R K B P K E L A R U F
F I S C H E N G S N Z X F Q X A W R V
M E X B U N G E E V R L Z V S V E F Q
K O B H Y O X M U U B X M Y Y H R I M
X Y X M P R Z B O Z W X N S F E F N B
A H J L G R O A E C S I O W R D E G Y
D O W C Q G M D Q V T S K N R L N G R
X M H A K V U D E Q P I U A X D N D X
N C C L M Q U N E O T Z O U M Y V V H
K L W O H B O N F A E B P Y U K U L P
Y D O W P Z M R B Y E E X S G Z D N K
G G F R Q Q W O S T E H F S I X C F E
W D R U B Z R B A B K E A R O K S Y L
F A O B L K N K S M L J V T O W C H T
N A S R A M S I B J T S T T Q T I V B
U A H K E L R Q M Q J A E H B W F U H
Q B S U S F F A L K Q D P N R X Y H W

T K N H A P Y J F H P F C K K V A P W
Y Z V Q C Y D O H U M B V L L C U F Z
J V I G Y B P C R H T K H Q C B E U N
Q G X K B K B F S C M U Q P E L O T A
Z H G F J E U Y B S D G B X X T N Z J
L K B K C T C L J T F E G A P Z T X F
O Z X U V J C Y P T N L H Q B U Q J F
U K Q S Z H K N W I E S J D C S G L W
X U H B U N A T A L Z T C E H S S X J
U F X D T Y R X D H N O P H J L U Z F
A J N A Y D X D R C A S R H V A V Q N
T L L A B D N A H S T S O J P U D F G
Z H F R Z I V B O L L E E E T F C Y V
Z P A O S P O A I O Z N F N C E L N R
U C X B A L L O N F A H R E N N M A D
D X D L I O N G Z J R O J G O J O P L
A X E V J B Q Y S E R B N D V J A D S
A U X O R D Y N X K P D D Y P P V U U
H L F V A B Y R X S D Q W Y Y S S J S
S F T I E R S P O R T A H D H T T S T
I C L L K M M Y E Z I I Z F Z B C M M
G E K I B N I A T N U O M M F T N C S
S O Q F S Y V I K S R E S S A W E T L
Z Y S Y A W D E E P S S I E D N H W L

KUGELSTOSSEN
WASSERSKI
EISSPEEDWAY
MOUNTAINBIKE
BALLONFAHREN
PELOTA
HANDBALL
TIERSPORT
SCHLITTSCHUH LAUFEN
TANZEN

Lösung

T	K	N	H	A	P	Y	J	F	H	P	F	C	K	K	V	A	P	W
Y	Z	V	Q	C	Y	D	O	H	U	M	B	V	L	L	C	U	F	Z
J	V	I	G	Y	B	P	C	R	H	T	K	H	Q	C	B	E	U	N
Q	G	X	K	B	K	B	F	S	C	M	U	Q	P	E	L	O	T	A
Z	H	G	F	J	E	U	Y	B	S	D	G	B	X	X	T	N	Z	J
L	K	B	K	C	T	C	L	J	T	F	E	G	A	P	Z	T	X	F
O	Z	X	U	V	J	C	Y	P	T	N	L	H	Q	B	U	Q	J	F
U	K	Q	S	Z	H	K	N	W	I	E	S	J	D	C	S	G	L	W
X	U	H	B	U	N	A	T	A	L	Z	T	C	E	H	S	S	X	J
U	F	X	D	T	Y	R	X	D	H	N	O	P	H	J	L	U	Z	F
A	J	N	A	Y	D	X	D	R	C	A	S	R	H	V	A	V	Q	N
T	L	L	A	B	D	N	A	H	S	T	S	O	J	P	U	D	F	G
Z	H	F	R	Z	I	V	B	O	L	L	E	E	E	T	F	C	Y	V
Z	P	A	O	S	P	O	A	I	O	Z	N	F	N	C	E	L	N	R
U	C	X	B	A	L	L	O	N	F	A	H	R	E	N	N	M	A	D
D	X	D	L	I	O	N	G	Z	J	R	O	J	G	O	J	O	P	L
A	X	E	V	J	B	Q	Y	S	E	R	B	N	D	V	J	A	D	S
A	U	X	O	R	D	Y	N	X	K	P	D	D	Y	P	P	V	U	U
H	L	F	V	A	B	Y	R	X	S	D	Q	W	Y	Y	S	S	J	S
S	F	T	I	E	R	S	P	O	R	T	A	H	D	H	T	T	S	T
I	C	L	L	K	M	M	Y	E	Z	I	I	Z	F	Z	B	C	M	M
G	E	K	I	B	N	I	A	T	N	U	O	M	M	F	T	N	C	S
S	O	Q	F	S	Y	V	I	K	S	R	E	S	S	A	W	E	T	L
Z	Y	S	Y	A	W	D	E	E	P	S	S	I	E	D	N	H	W	L

X Y C A Y H D K B J G G W L K U G M J
G O T B J U O T L U S X S I N R B R Z
B L M J E V D C N E C R A R Y Y W P I
I P L A F A X J G Z V E V D W V B J Y
T R J E V N R L G N I L W O B U R E M
L X F M F Q Z K R K I N R P A X A I T
A J N C W I W Z X T B T A T A Y L S R
U E J X X P N T X E A G F T K S L S R
T J N L Q P J G Q U M N T A E M Y C C
Q F X C G U N J E A Q C W M R W E H C
X I E T E Y E L D R K K E M S V D N S
C S F R W I S Q P F H U P J M M X E G
X S U O I V S Q C S O A B E R H K L Y
X F E K C E E J Y G Q M K E Y Y Y L I
Z I N G H T I K J T A L I E E C L A L
S E F X T K H M K L G R I Z L O D U O
E F K X H B C Q W I E P V U J N O F C
F G A Y E I S A D H H L F K T A I D T
W N M X B F J Y C R O I P D H Q R D M
O H P B E Q K R F Y H B Z Y D Z Q A M
Y X F X N U A Y T V Q U Z U Y M H B B
H N Z W I P O K E R N D X W F N S O X
T D Z K A X X H Z B R G F L U A S O K
B Q U Y O G H L E X X H J M H I J H J

17

RALLYE
GEWICHTHEBEN
FUENFKAMPF
EISSCHNELLAUF
FINGERHAKELN

RAFTING
ARCHERIE
BOWLING
SCHIESSEN
POKERN

Lösung

X	Y	C	A	Y	H	D	K	B	J	G	G	W	L	K	U	G	M	J
G	O	T	B	J	U	O	T	L	U	S	X	S	I	N	R	B	R	Z
B	L	M	J	E	V	D	C	N	E	C	R	A	R	Y	Y	W	P	I
I	P	L	A	F	A	X	J	G	Z	V	E	V	D	W	V	B	J	Y
T	R	J	E	V	N	R	L	G	N	I	L	W	O	B	U	R	E	M
L	X	F	M	F	Q	Z	K	R	K	I	N	R	P	A	X	A	I	T
A	J	N	C	W	I	W	Z	X	T	B	T	A	T	A	Y	L	S	R
U	E	J	X	X	P	N	T	X	E	A	G	F	T	K	S	L	S	R
T	J	N	L	Q	P	J	G	Q	U	M	N	T	A	E	M	Y	C	C
Q	F	X	C	G	U	N	J	E	A	Q	C	W	M	R	W	E	H	C
X	I	E	T	E	Y	E	L	D	R	K	K	E	M	S	V	D	N	S
C	S	F	R	W	I	S	Q	P	F	H	U	P	J	M	M	X	E	G
X	S	U	O	I	V	S	Q	C	S	O	A	B	E	R	H	K	L	Y
X	F	E	K	C	E	E	J	Y	G	Q	M	K	E	Y	Y	Y	L	I
Z	I	N	G	H	T	I	K	J	T	A	L	I	E	E	C	L	A	L
S	E	F	X	T	K	H	M	K	L	G	R	I	Z	L	O	D	U	O
E	F	K	X	H	B	C	Q	W	I	E	P	V	U	J	N	O	F	C
F	G	A	Y	E	I	S	A	D	H	H	L	F	K	T	A	I	D	T
W	N	M	X	B	F	J	Y	C	R	O	I	P	D	H	Q	R	D	M
O	H	P	B	E	Q	K	R	F	Y	H	B	Z	Y	D	Z	Q	A	M
Y	X	F	X	N	U	A	Y	T	V	Q	U	Z	U	Y	M	H	B	B
H	N	Z	W	I	P	O	K	E	R	N	D	X	W	F	N	S	O	X
T	D	Z	K	A	X	X	H	Z	B	R	G	F	L	U	A	S	O	K
B	Q	U	Y	O	G	H	L	E	X	X	H	J	M	H	I	J	H	J

T	V	X	W	K	R	S	Q	A	I	M	T	S	D	N	O	G	A	W
J	H	P	Q	F	A	U	S	T	B	A	L	L	E	O	M	R	V	C
Y	A	K	J	H	F	V	A	X	F	J	S	R	N	C	G	M	H	J
U	Y	H	F	U	A	L	G	N	A	L	I	K	S	I	K	O	R	R
H	K	O	T	U	G	F	F	Z	A	S	E	J	K	Q	K	H	J	F
B	G	O	N	E	T	I	E	R	I	L	S	O	F	V	O	J	Y	L
E	C	Q	N	H	Q	N	J	L	S	M	R	T	X	E	Y	J	S	F
S	H	V	H	O	V	K	O	Z	Y	Y	C	P	N	M	O	Y	R	B
Z	S	H	S	J	S	X	Y	S	Z	N	L	R	M	F	V	O	D	K
V	U	U	C	W	P	L	E	J	L	B	A	F	W	T	S	G	C	E
X	L	O	H	K	P	F	X	D	W	D	B	J	J	Y	Q	K	V	Q
N	I	M	Q	H	M	Z	E	W	T	H	G	Q	Q	D	Z	R	H	Y
C	J	B	Z	J	F	F	O	U	U	C	P	E	F	J	I	B	L	W
D	S	M	C	A	U	W	R	E	L	O	A	S	K	R	M	N	E	K
I	V	V	G	O	T	N	R	E	D	N	O	I	S	Y	U	K	X	E
G	T	W	Q	S	E	D	T	U	J	E	E	M	S	H	G	W	J	Y
J	C	J	J	N	E	N	L	C	X	O	J	X	O	N	E	G	B	F
I	M	X	F	N	O	R	S	U	V	Q	G	V	O	S	I	D	E	L
P	K	G	L	X	S	M	G	E	K	W	I	G	P	B	D	B	S	T
O	Z	A	A	H	G	N	I	H	C	A	C	O	E	G	K	E	Z	Y
O	U	E	P	X	W	B	W	O	C	Z	R	X	G	N	T	C	L	P
F	H	L	D	M	L	Y	T	N	S	T	Y	N	Z	C	Z	P	I	M
S	P	R	N	X	M	B	F	G	I	P	F	I	T	N	E	S	S	K
X	S	H	A	N	K	D	B	B	X	R	D	S	C	K	W	U	G	A

SKILANGLAUF
HUERDENLAUF
ESPORT
FITNESS
KICKBOXEN
FAUSTBALL
REITEN
JOGGEN
RHOENRADTURNEN
GEOCACHING

Lösung

T	V	X	W	K	R	S	Q	A	I	M	T	S	D	N	O	G	A	W
J	H	P	Q	F	A	U	S	T	B	A	L	L	E	O	M	R	V	C
Y	A	K	J	H	F	V	A	X	F	J	S	R	N	C	G	M	H	J
U	Y	H	F	U	A	L	G	N	A	L	I	K	S	I	K	O	R	R
H	K	O	T	U	G	F	F	Z	A	S	E	J	K	Q	K	H	J	F
B	G	O	N	E	T	I	E	R	I	L	S	O	F	V	O	J	Y	L
E	C	Q	N	H	Q	N	J	L	S	M	R	T	X	E	Y	J	S	F
S	H	V	H	O	V	K	O	Z	Y	Y	C	P	N	M	O	Y	R	B
Z	S	H	S	J	S	X	Y	S	Z	N	L	R	M	F	V	O	D	K
V	U	U	C	W	P	L	E	J	L	B	A	F	W	T	S	G	C	E
X	L	O	H	K	P	F	X	D	W	D	B	J	J	Y	Q	K	V	Q
N	I	M	Q	H	M	Z	E	W	T	H	G	Q	Q	D	Z	R	H	Y
C	J	B	Z	J	F	F	O	U	U	C	P	E	F	J	I	B	L	W
D	S	M	C	A	U	W	R	E	L	O	A	S	K	R	M	N	E	K
I	V	V	G	O	T	N	R	E	D	N	O	I	S	Y	U	K	X	E
G	T	W	Q	S	E	D	T	U	J	E	E	M	S	H	G	W	J	Y
J	C	J	J	N	E	N	L	C	X	O	J	X	O	N	E	G	B	F
I	M	X	F	N	O	R	S	U	V	Q	G	V	O	S	I	D	E	L
P	K	G	L	X	S	M	G	E	K	W	I	G	P	B	D	B	S	T
O	Z	A	A	H	G	N	I	H	C	A	C	O	E	G	K	E	Z	Y
O	U	E	P	X	W	B	W	O	C	Z	R	X	G	N	T	C	L	P
F	H	L	D	M	L	Y	T	N	S	T	Y	N	Z	C	Z	P	I	M
S	P	R	N	X	M	B	F	G	I	P	F	I	T	N	E	S	S	K
X	S	H	A	N	K	D	B	B	X	R	D	S	C	K	W	U	G	A